小米
XIAO MI

从"一口小米粥"到世界 500 强

How a Start-up Disrupted the Market and
Created a Cult Following

［印］杰亚德万·P. K.（Jayadevan P. K.） 著

宋超 译

中国出版集团
中译出版社

图书在版编目(CIP)数据

小米 /（印）杰亚德万·P.K. 著；宋超译 . -- 北京：中译出版社 , 2022.9
书名原文：Xiaomi: How a Start-up Disrupted the Market and Created a Cult Following
ISBN 978-7-5001-7154-6

Ⅰ.①小… Ⅱ.①杰…②宋… Ⅲ.①通信企业－工业企业管理－经验－中国 Ⅳ.① F632.4

中国版本图书馆 CIP 数据核字 (2022) 第 146170 号

First published in Simplified Chinese by China Translation & Publishing House
By arrangement with HarperCollins Publishers India Private Limited
© Jayadevan P.K.
The simplified Chinese translation copyright 2022 © by China Translation & Publishing House
ALL RIGHTS RESERVED

著作权合同登记号：图字 01-2022-2661

小米
XIAOMI

出版发行 / 中译出版社
地　　址 / 北京市西城区新街口外大街28号普天德胜大厦主楼4层
电　　话 /（010）68005858，68358224（编辑部）
传　　真 /（010）68357870
邮　　编 / 100088
电子邮箱 / book@ctph.com.cn
网　　址 / http://www.ctph.com.cn
策划编辑 / 范　伟
责任编辑 / 郑　南　范　伟
营销编辑 / 曾　頔
版权支持 / 马燕琦　王立萌
封面设计 / 东合社－安　宁
排　　版 / 奇文设计
印　　刷 / 北京中科印刷有限公司
经　　销 / 新华书店
规　　格 / 900mm × 1270mm　1/32
印　　张 / 7.125
字　　数 / 116千字
版　　次 / 2022年9月第一版
印　　次 / 2022年9月第一次
Ｉ Ｓ Ｂ Ｎ / 978-7-5001-7154-6　定价：69.00元

版权所有　侵权必究
中　译　出　版　社

目 录

前　言 ·················· 01

第一章　风口与会飞的猪 ······· 09

第二章　仙桃传奇与最后一掷 ···· 37

第三章　全明星选手引帆领航 ···· 77

第四章　密鲁特的火箭青年 ···· 121

第五章　粉丝的力量 ·········· 159

后　记 ·················· 197

献给德鲁瓦

前　言

很多年前,我在班加罗尔一家知名报社的新闻编辑部工作。班加罗尔是印度南部一座沉寂的小城,被称作"印度的硅谷"。在尝试过报道一般商业新闻和犯罪的新闻后,我开始对科技类新闻产生了兴趣。在二十一世纪的前十年里,我每周都用半页的篇幅在报纸上介绍时下常常能见到的一些新玩意儿,包括诺基亚、黑莓、三星手机以及其他一些公司。虽然我很喜欢这份工作,但工资实在太低(媒体行业那时开始衰落,行业工资和现在差不多)。

小米

于是，发觉了自己的处境后，我跳槽到了印度《经济时报》，报道科技新闻。这份商业日报是印度当时发行量最大的传统报纸，我得以和当时最优秀的一些记者共事。我的主要工作是撰写科技服务公司的相关报道。然而，很快我厌倦了追踪那些公司的季报，报道他们精心排练过的声明。大概是2012年左右，印度的创业生态初具雏形，我退出《经济时报》，加入了一个创业博客的团队。我没有要求加薪，我只是喜欢报道创业公司和它们的创始人。面对崭新的东西，他们那股兴奋的劲头是会传染的。当时，"创业"在印度还入不得主流，只有一些专门的博客会报道他们。

有几个月，我过得穷困潦倒。一天晚上，我在一家二手的电子店卖掉了我的诺基亚5800，用得来的300卢比买了一盒炒饭，那是我至今为止吃过最美味的炒饭。如在创业博客工作的这两年，是我迄今人生中最精彩的回忆。随着"创业"逐渐变成热词，我又回到了传统纸媒，继续写他们的故事。我的生活稍稍得到了改善，和家人们搬进了一栋中产阶级的公寓，购置了一些家具。在卖掉那部诺基亚手机后，我用了一段时间的非智能手机。不过现在，我必须换新手机了。做了不少调查后，我看准了一款Micromax品牌的机型。

Micromax公司总部位于古尔冈，2008年开始生产手机。这家公司有几款价格比较实惠的智能手机，以年轻记者的工资也能负担得起。Micromax同时也是一家领先品牌，旗下的手机具有一些很棒的功能，比如双卡双待和超大触摸显示屏，等等。从塞班系统（诺基亚手机专用系统，后被淘汰）过渡到安卓系统，就像水下憋气，而后忽然可以呼吸一般。人们可以使用无数的应用，并且操作系统运行良好。

但是，我很快就发现，我总是来不及删除手机里的应用、音乐和照片，内存很快便会耗尽。手机的运行速度开始变慢，让我恍然有了卖掉诺基亚手机那晚，心情沉入水底的感觉。我开始对安卓系统感到失望。也就在那段时间，我有幸来到电商企业Flipkart的办公室，听他们讲述自己如何完善公司后台系统，最终满足了一款新手机的巨大需求。这款新手机来自当时还名不见经传的"小米"，所有人都惊讶于它能如此这般地大卖。实际上，顾客们抱怨收到"售罄"提示的时候，甚至以

小米

为是网页出现了故障,并不是真的卖没了。然而,我们看到的是无数和我一样的印度人民,都在等待一款可靠(同时也不贵)的新手机,一举替代当时市面上的所有机型。

比起小米手机的功能,它的价格低到令人难以置信。这是小米最大的优势,也正是它备受青睐的秘密。几年间,我见证了小米在印度的现象级增长。它力压Micromax及其他一众印度本土的手机品牌,成为印度最大的智能手机企业。

2018年冬天,我前往北京进行采访时,突然产生一个念头,想去见一见小米的创始人之一——雷军,我曾在班加罗尔的一次新闻发布会上和他有过一面之缘。我给小米的联络部门写了邮件,但未能如愿。然后,我做了一件很正确的事:我参观了小米在北京的第一家门店,就在它的总部旁边。我还在海淀公园散了会儿步,在那里,我看到了一些人工智能在生活中的应用,例如可以识别跑步者并记录里程的跑道;一位虚拟的"师傅",正在教授游客打太极拳;以及一辆几乎全自动的公交车。中国在科技上的进步着实令人惊叹。上一次我

前言

来北京还是 2011 年，变化可谓不小。中国的"硅谷"正在飞速地发展着，在这里，像小米这样的公司正在孕育着领先全球的宏伟计划。我感到震惊，但同时也有些悲哀。这份钦佩之情之所以沾染了些许的灰色，是因为我联想到了班加罗尔——所谓的印度"硅谷"。这座曾经被寄予期望的城市，现在和大多数印度城市一样，发展得一团糟。相比之下，中国一马当先，日渐成为超级大国。随即，我开始报道中国科技公司在中国和印度的发展，这本书的种子便在那时播撒于我的脑海。

小米的崛起和成功，是一个综合了多因素的壮丽故事。它在印度的巨大成功，使得更多的中国公司开始把印度视为潜在市场。破译小米的战术，是一件趣事。就仿佛有人从许多不同的行业精心挑选各种元素，精巧地编织为一套永不过时的战略，再从上而下地执行，贯彻到底。

碰巧的是，我从朋友口中得知，正好有一家出版社想要出版一本关于小米的书。从 2020 年起，我开始认真编写这本书。在书中，我尽力展现了小米如何从一家名不见经传的北京的小公司，一跃成为最年轻的世界 500 强企业。这本书还贯穿着一些战略元素，对于其他的创业公司来说或许会有价值。人们对小米的理解是不够的，大多数人只以为它是一家智能手机公司。但实际上，小米的潜力远不止于此。本书将阐明小米公司向互联网公司发展的战略，以及始终以客户为中心的公司理念。

  这本书汇集了几十个采访的内容，以及长时间调查研究的成果。这本书的问世，离不开安维莎·戈什的辛勤努力和调查，也离不开柯林斯出版社萨钦·夏尔马编辑的耐心。同样，我也要感谢坦莫·高斯瓦米，是他介绍我认识了萨钦；感谢乔西·普利恩图鲁特尔给予了我宝贵的建议；感谢索纳斯·达斯古普塔对这本书进行润色；感谢伊芙琳·富克审阅本书，也感谢拉维什·巴蒂亚协助我进行了调查工作。最后，我还想感谢我的家人们，尤其是我的妻子拉德西卡。是你为我加油，抚慰我的情绪，但我却没能好好报答家人们。希望你们会喜欢这本书。

第一章

风口与会飞的猪

2019年，小米科技有限责任公司——这家刚刚诞生9年的中国企业，入选《财富》世界500强的榜单，成为榜单上最为"年轻"的企业。这向世界释放了一个信号：中国的产品和公司，已然入场。对于任何一家智能手机企业来说，这都是一项前所未有的壮举，更不用说这是一家来自中国、英文名称拗口难念的初创企业。过去，很少有公司能够如此之快地进入世界500强的榜单，比如，脸书（Facebook）也是用了9年才跻身此列；另外两家标志性的企业——苹果和谷歌，则分别在其第7年和第8年入选。但是，与这些成长于硅谷这片富饶之地的美国企业不同，小米带着进军全球的计划，成长于智能手机席卷全球的巨大浪潮中。

西方作家哈米什·麦肯锡最早指出，小米作为一家成功"突围"的企业，将成为一众具有全球抱负的中国企业家的先驱。他指出："小米是一员重要的先锋，它的成功表明，中国本土的消费设备企业可以和美国的企业一样，生产并销售世界顶尖的产品。"

2010年3月3日，小米科技有限责任公司在北京成立。当时，全球的智能手机行业正在发生剧变。2007年1月，苹果及其传奇创始人史蒂芬·乔布斯推出iPhone，颠覆了智能手机行业。小米的成立时间刚好也和中国的崛起时间一致。中国的改革开放始于20世纪70年代末，到小米公司成立时改革已经进行了30多年。

在这诸多合力之下，小米会在这一节点诞生，其实算不上太大的巧合。毕竟，时下的中国以及中国企业的目标都正在迅速地变化。

小米诞生之初，中国约有400家本土企业激烈角逐。尽管这些企业历史相仿，共同改变了中国的智能手机行业，但小米却是为数不多突出重围，并成功掌控数个国际市场的企业。

这十年间，小米已经从一家智能手机公司变得家喻户晓。小米的产业链覆盖了整个产业生态，涉及270余家公司，生产各式各样的产品。今天，小米甚至出售品牌T恤衫、钢笔、扫地机器人和无人机。

截至2020年11月，小米已经是全球第三大智能手机品牌，旗下雇员超18 960人，销售范围覆盖80多个国家。2020年上半年（最新可用数据），小米销售的商品和服务价值157亿美元，盈利8.6亿美元。根据小米操作系统MIUI（基于安卓系统修改而来）统计，小米的月活跃用户数量达3.435亿。

2018年，小米于香港证券交易所上市，融资47.2亿美元。在全球第二大智能手机市场、手机用户超5亿的印度，小米成为最大的手机品牌，击败了竞争对手三星以及数十个印度本土品牌。

种 因

这是一个关于小米的故事。一家不那么知名的公司,一家改写游戏规则的公司,一家不只做智能手机的公司。在故事开始之前,让我们把时间往回拨,先讲讲另一个故事。这个故事开始于芝加哥一个家族企业——高尔文制造公司(摩托罗拉前身)。高尔文制造公司由保罗·高尔文初创于1928年,是一家小型家庭企业。两年后,保罗·高尔文因生产车载雷达在美国取得了成功。不久,摩托罗拉便在科技创新上声名大噪。从生产商用车载雷达到为美国军队开发无线电对讲机,摩托罗拉很快便打造成了一家备受信赖的品牌,跻身美国最大的企业之一。保罗·高尔文去世后,其子罗伯特·高尔文接管摩托罗拉。时间跳到20世纪80年代,摩托罗拉开始寻求拓展海外市场,尤其青睐日本市场。日本素以其强大的科技而闻名,事实证明,进入日本市场并非易事。苏珊·奇拉1986年在《纽约时报》写道:

"摩托罗拉试图进军日本移动电话市场的传奇故事,涉及美日贸易争端的几个基本问题:美国公司是否对其产品做了足够的调整,以适应日本市场;日本政府如何管理竞争;新入市者,无论美日,将受到何等影响；以及美国的政治压力是否会盖过日本贸易伙伴的需求。"

命运站在了摩托罗拉的对立面，但公司当时的领导人罗伯特·高尔文并不打算放弃，并最终进入了日本市场。不过，心思缜密的罗伯特眼光独到，他敏锐地洞察到，中国的战略地位很快便会超过日本。20世纪70年代早期，中美两国开始恢复外交。时任美国总统理查德·尼克松于1972年2月访华，会见了当时中国共产党的最高领导人毛泽东，1979年，两国终于恢复了外交关系。尼克松访华结束了两国之间长达25年的断交，美国企业开始将中国视为潜在的制造业枢纽，耐克便是其中之一。耐克起家于销售日本鬼塚虎（Onitsuka Tiger）的鞋子，其创始人菲利普·奈特在其回忆录《鞋狗》一书中这样描述那一年："我从没想过，有生之年能够看到美国总统踏入北京，触摸长城。我回想起我曾在中国香港的时光，我曾离中国那么近，却又那么远。我以为我这辈子都不会有机会了。但是现在我觉得，或许有一天也会有机会？"1982年，耐克在中国内地开设了第一家工厂。不久，机会终于来到了罗伯特面前。

1986年,罗伯特来到中国,受邀参加了国家庆典。同年,摩托罗拉签下合约,在中国搭建蜂窝网络系统。有传言说,罗伯特在当年的庆典时坐在中国交通部长的旁边并最先搭话。那场谈话改变了所有人的命运——不仅是摩托罗拉,也包括中国。罗伯特对中国政府的运作方式很感兴趣,但更重要的是,他希望那位部长能明白,如若允许,摩托罗拉将帮助中国从一个不富裕的国家,变身成为一个世界顶级国家。

若干年后,美国资深记者、作家特德·费什曼在《芝加哥杂志》中这样描绘罗伯特的"豪言狂语":

"……他违背礼节,开始和坐在身边的交通部长搭话:请问部长先生是满足于这份工作呢,还是想把中国打造为一个世界顶级国家?最终,中国的官员们同意摩托罗拉在中国建厂,但必须满足一个条件——摩托罗拉必须教会中国员工和供应商,如何才能生产出能够满足全球消费者需求的产品。"

罗伯特的坚持最终得到了回报。然而,费什曼指出,罗伯特也明白这份协议的弊端。一旦他签约，中国不仅学会这些行业诀窍，未来还有可能追上摩托罗拉的步伐，以对手的身份，在自己的擂台上向自己宣战。但是，中国是个大国，市场过于庞大，这意味着即使未来要面临竞争，摩托罗拉也还是能立于不败之地。于是，罗伯特签下了协议。

由此，中国的电话通信业开始发展。这是中国电子制造业尽人皆知的转折点。摩托罗拉不仅进入了中国市场，也以最顶尖的科技训练了一批中国工人。大约同一时间，台湾地区的产业也因廉价的劳动力开始在大陆发展。《纽约时报》以林托尼（Tony Lin）的故事，记录了当时台湾地区与大陆之间的情况。林托尼是一位工厂经理，他第一次前往大陆是 1988 年。《纽约时报》这篇题为"中国尚未失败"的文章写道：

"令林托尼惊奇的是，一大批自愿的工人和政府官员渴求资本和技术人才，乃至他们提供可免费使用的国家工厂，并免去五年的税收。之后的十年，林先生往返于台湾地区和大陆，每次都待上几个月，回家只逗留很短的时间,看望妻子和孩子。他开设并运营着五家耐克工厂,其中包括耐克在中国最大的供应工厂。"

移居外地,但给家乡带来商机,这样的人有很多,林托尼就是其中之一。实际上,台湾地区给了大陆很大的帮助,助力其融入了全球经济。潘公凯在《纽约时报》上如是写道。大陆则将这些知识传播给了更多的供应商。

很快,中国的国家通信网络开始在摩托罗拉的高科技终端上运作。据费什曼后来回忆道:"总的来看,将中国打造成一个市场开放的工业大国,在这一点上,没有任何一家外国公司的贡献比得上摩托罗拉。"摩托罗拉的这笔中国订单旨在互惠,但摩托罗拉还是率先尝到了甜头。中国的劳动力廉价且高效,这意味着摩托罗拉以远低于美国的价格,大规模生产商品,再将商品运回美国市场销售。截至1994年,美国60%的无线电话都产自摩托罗拉。同年,手机业务的暴增,使摩托罗拉以220亿美元的营业额和20亿美元的利润,跃居世界500强的第23位。赌局胜负已分:罗伯特的豪赌回报丰厚，在巨大的成功面前，摩托罗拉暂且御浪而行。

然而，即使在最巅峰的时期，摩托罗拉也依旧面临挑战，因为有一家来自芬兰的公司，一直成长在它的阴影之下，这家公司便是诺基亚。如果说，摩托罗拉一直引以为豪的是在1969年的探月计划中，给美国国家航天局提供无线电应答器，帮助阿姆斯特朗说出了那句著名的"个人的一小步，人类的一大步"。米哈伊尔·戈尔巴乔夫则使用了诺基亚的首部手持移动电话——Mobira Cityman 900。这部手机于1987年推出，那一年，戈尔巴乔夫正是拿着这款手机在莫斯科的新闻发布会上打电话。他手持手机的图片上了新闻，这款手机甚至因此有了一个小名：戈尔巴（Gorba）。简单来说，摩托罗拉和诺基亚都是前沿技术的两颗明珠，全球电信服务的普及，与这二者有直接关系。

诺基亚紧随摩托罗拉，中国获益

摩托罗拉或许是1994年最大的手机制造商，但被诺基亚超越,却只是时间问题。1985年,诺基亚追随摩托罗拉的脚步,进入中国,开始开设工厂,甚至开设了研发和创新公司。1992年,诺基亚推出首款商用手机——诺基亚1011,到20世纪90年代中期,便已经开始供不应求。如果说摩托罗拉早先并不在意诺基亚的成功,现在则不得不正视了。诺基亚在进入中国市场的时候便和中国打通关系,1998年开始与中国官方合作。那一年,诺基亚与中国最大的手机分销商中国邮政建立合作伙伴关系。同年,诺基亚的手机销量便高达近4 100万部,超过摩托罗拉,成为全球最大的手机销售商。

对诺基亚和摩托罗拉来说,20世纪90年代是一个令人振奋的年代。两家公司你争我斗,不知疲倦地争夺中国市场。但是,如果说一定要有一个赢家,则非中国莫属。十几年来,中国坐观两家公司用各种战略和试验,不断推出各种高科技创新产品。可以说,中国本土公司早晚会开始运用这些知识,生产属于自己的手机,满足国民日益增长的需求。诺基亚和摩托罗拉不知不觉地给自己布了一个局,等待被取代的那天。

第一章 风口与会飞的猪

已故的管理专家克莱顿·克里斯坦森将这称作"外包的希腊式悲剧"。以美国个人电脑生产商戴尔和中国台湾企业华硕为例,克里斯坦森在他的论文中有力地论证道:任何企业永远都不该"把自己的未来外包"。文章的论述大致是这样的:20世纪90年代,戴尔电脑在美国十分抢手。戴尔起家于售卖廉价的个人电脑,并逐渐向价值链上游移动。很快,由于资产利润高,戴尔成了华尔街的宠儿。然而,戴尔被广受认可的公司战略,却最终成了戴尔的阿喀琉斯之踵。为了提高利润,戴尔开始将零部件制造外包给华硕。一开始是相对简单的电路,后来则是更加复杂的主板电路。起初,这在专家和戴尔的主管那儿还说得通。因为戴尔得以在扩大销售量的同时,减少生产成本。但最后,戴尔将一切都外包给了华硕,只保留了自身的品牌。2005年,华硕开始生产自己的电脑。"在这个希腊式的悲剧中,华硕将所有从戴尔那里学到的东西,统统应用到了自己的身上。"历史见证了无数公司因同样的悲剧起起落落。几年后,摩托罗拉和其他一众公司也终将从中得到惨痛的教训。但那时,悲剧已经展开,一切为时已晚。

小米

巧合的是，诺基亚和摩托罗拉都将中国视为廉价劳动力的来源，用以降低自己的生产成本。从根本上来说，西方企业在中国有市场，但产品却从不销售给中国。只要中国的市场需求很低，这样的安排便行之有效。中国人吃苦耐劳的文化传统以及低廉的工资，让生产成本变得非常低。根据数据资源网站 Statista 的数据，2000 年中国只有 8 500 万手机用户，仅占全国人口的 10%。因此，摩托罗拉和诺基亚一开始的目标受众群体仍在欧洲和美国。但是，随着中国经济的蓬勃发展，工人的最低工资标准开始提高，工人待遇得到改善，普通中国百姓的生活水平开始提高，有机地带动了高端"奢侈产品"的需求。在此之前，手机这样的产品仅存在于中国人的幻想中。在《廉价中国的终结——颠覆世界的经济和文化趋势》（The End of Cheap China: Economic and Cultural Trends That Will Disrupt the World）一书中，作者肖恩·赖因解释了中国修订劳动法、提高工资水平，将对全球制造业带来影响。赖因是中国市场研究集团的创始人，他指出，对于依赖中国创造高边际收益的外国企业来说，廉价中国的终结或许是坏消息，但是，这同时也开启了一个潜力巨大的市场,带来了千千万万新的中国消费者。的确,截至2011年,中国已经成为全球最大的奢侈品消费国,共计消费商品价值156亿美元。考虑到中国的变化之大,诺基亚和摩托罗拉无法发掘中国市场,将给它们带来沉重的代价。

事实也确实如此。2005年前后,中国从一个生产者转变为既是生产者,也是消费者。2000年至2010年,中国经济增长了5倍,从1.21万亿美元增至6.09万亿美元。2005年至2010年,中国逐渐发展为世界第二大经济体,将3亿人从贫困拉升至中产,成为"中产的国度"。随着中国手机需求指数式增长,诺基亚和摩托罗拉这样的公司,对于向农村地区输送产品越发感到力不从心。市场需求的激增本来是惊喜,但没有一家公司提前做好了准备。这些公司生产的手机没有很好地本土化(例如语言设置、壁纸,甚至是阴历日历),中国的消费者急需其他的替代品。随着中国消费市场的增长,阿里巴巴和腾讯这样的大型公司也助力经济发展。每年,阿里巴巴"双十一"(中国的黑色星期五)的巨额销售额都不断创下新高,展现出中国无比庞大的消费需求。

小米

2020 年 11 月，阿里巴巴在"双十一"当日的销售额达 750 亿美元，是印度 2020 年全年销售额的 2.5 倍。

得 果

摩托罗拉一系列的失误操作，造成了自己的失败。摩托罗拉聘用了太阳微系统公司前主管埃德·桑德尔，试图挽救当前局面。2004 年的 Moto Razr 机型曾轰动一时，但由于摩托罗拉没能生产出符合中国市场需求的产品，因此败给了三星等企业，丧失了许多市场份额。

桑德尔还决定与苹果公司合作，将已经很火的 iPod shuffle（苹果公司生产的 MP3）打包加入摩托罗拉的手机——这便是 Motorola Rockr 机型。桑德尔以为，这一招会给公司打造出很"酷"的形象。但是，这一市场定位和行销策略并未引起中国年轻人的共鸣。此外，就像此前罗伯特·高尔文同意教授中国人制造高质量的手机一样，这一次的合作，让苹果公司学会了生产手机。正如特德·费什曼敏锐地指出："就像多年前教会中国人如何与自己竞争一样，摩托罗拉当时正在教授一家未来全球最具创新、最具竞争力、最懂消费者的公司，如何生产手机。"两年后，苹果推出了首部 iPhone。

在 iPhone 的首次媒体发布会上，苹果的传奇创始人乔布斯在一片欢呼声中宣布：

"每隔一段时间，就会出现一款革命性的产品，改变一切……今天，我们要介绍三款这样的革命性产品。第一款是一个触控式宽屏 iPod，第二款是一部革命性的通信工具，第三款是一个突破性的互联网通信设备……这三款设备并非彼此独立，它们是'一款'设备……我们把它叫作'iPhone'。今天苹果要重新发明手机，而这就是我们的产品。"

根据《今日美国》的预估，发布会后第一周，苹果共售出 70 万台 iPhone，是苹果公司历史上销量最高的产品，超过了此前传奇的 iPod Nano。不用说，之后的移动手机市场开始了翻天覆地的变化。

从 20 世纪 80 年代到 90 年代末，摩托罗拉的移动电话销量最高。很快，就轮到了诺基亚占据头把交椅。

小米

在 1998 年至 2012 年，诺基亚是市场领导者，直到三星在销售数量上超越了诺基亚。在过去的十年里，摩托罗拉、诺基亚和动态研究公司（黑莓手机的制造商）等行业先锋迅速失去了市场份额，与普通智能手机买家渐行渐远。市场先后被苹果、三星和其他几个小公司填补。根据国际数据公司的数据，截至 2020 年第三季度，全球智能手机出货量为 3.536 亿部。三星以 22.7% 的市场份额位居第一，其次是华为，占 14.7%，小米占 13.1%，苹果占 11.8%，vivo 为 8.9%。现在，五大销售商中有三家是中国公司，而十年前，这些公司在智能手机市场上还毫无存在感。

看到苹果在 iPhone 上取得的巨大成功，硅谷的搜索引擎巨头谷歌意识到，想要获得持续的成功，手机优先的策略是必不可少的。于是谷歌召集工程师，重新编写了旗下所有的应用，使其可以适应手机客户端，同时也开始重视安卓系统。谷歌在 2005 年以约 5 000 万美元的价格收购了安卓手机操作系统。2008 年，第一批基于安卓系统的商用智能手机在市场上出现，这也彻底改变了手机行业。这是华尔街和摩托罗拉、诺基亚等当时所有手机公司的高管们都不曾设想的。

诺基亚和摩托罗拉原本都是移动通信时代大获成功的硬件公司,但进入软件时代,它们开始力不从心,在移动网络上也表现欠佳。尽管它们的手机相机更好、内存更大、信号更强,但它们缺少一个稳定的操作系统,也不具备那些数以百万计的应用程序。当苹果系统和安卓系统出现时,诺基亚和摩托罗拉不以为意,骄傲地想追求属于自己的操作系统。不幸的是,它们的尝试大多失败了,但世界却继续向前。

随着销量第一的宝座被诺基亚占去,摩托罗拉的利润开始骤减。在电信设备业务方面,摩托罗拉输给了中国的华为。要知道,2003 年,摩托罗拉还差点儿以 75 亿美元的价格收购了华为。华为继续向前,成为中国最大的民营企业之一,营业额达 1 000 亿美元。对比之下,摩托罗拉却日渐式微。2007 年 1 月,摩托罗拉解雇了 3 500 名员工,占其员工总数的 5%。但是,这无法逆转摩托罗拉的衰退。2007 年第一季度,摩托罗拉亏损 3.66 亿美元;2007 年 5 月,摩托罗拉表示将再裁员 4 000 人以进一步削减成本。2010 年,美国政府阻止华为竞标收购摩托罗拉基础设施业务,摩托罗拉最终以 12 亿美元的价格卖给了诺基亚西门子网络公司。在将电信网络业务卖给诺基亚西门子网络公司后,摩托罗拉的消费者业务(称为摩托罗拉移动)于 2011 年 8 月,以 125 亿美元的价格卖给了谷歌。谷歌收购摩托罗拉主要是因为它的专利。然而,在 2014 年,谷歌以 29.1 亿美元的价格将摩托罗拉移动卖给了中国消费电子巨头——联想。联想现在以摩托罗拉的品牌进行生产,销售智能手机及其他一些消费电子设备。

2008 年第三季度,诺基亚利润下降 30%,销售额下降 3.1%。到 2009 年,诺基亚不得不裁员 1 700 人。在一封发给诺基亚员工的致歉信中,诺基亚首席执行官史蒂芬·埃洛普将诺基亚比作一个"燃烧着的平台",暗示着结局已近。他写道:

"中国的原始设备制造商生产设备的速度太快了。正如一位诺基亚员工开玩笑所说的,比我们'打磨一份 PPT 的时间'还快。他们速度快,价格便宜,给我们带来了极大的挑战。设备之战现在已经变成了生态系统之战，其中生态系统不仅包括设备的硬件和软件，还包括开发者、应用程序、电子商务、广告、搜索引擎、社交应用程序、定位服务、通信设备以及其他许多东西。"

埃洛普是对的。中国是一个快速崛起的市场，每天都有新的手机品牌涌现。事实上，中国无比迅疾地站到了舞台中央，截至 2012 年，中国已经超过美国成为世界上最大的智能手机市场。正如专家们后来指出，中国的消费主义现象是相当独特的。例如，《财富》杂志解释说："在中国的十几亿人口中，低价的高科技手机已经成为许多人渴望的对象，尽管当时，中国的人均收入还不到美国的四分之一。"很快，中国公司就占据了其本土市场的最大份额。2013 年 9 月，诺基亚将其手机部门出售给微软。2016 年，芬兰公司 HMD Global Oy 从微软手中收购了诺基亚的手机部门，并获得了以诺基亚品牌销售手机的权利。诺基亚本身在诺基亚网络部门下经营电信设备业务，在诺基亚技术部门下经营消费产品部门。

智能手机革命在中国市场上创造了一个真空。诺基亚和摩托罗拉主导了中国手机行业几十年，现在面临着它们不可能应对的挑战。苹果也是直到 2009 年 10 月才在中国推出 iPhone。自 21 世纪初以来，中国已成为全世界中产阶级人口增长最快的国家。这产生了重大影响——中国人民的可支配收入越来越多，对消费品的需求激增，智能手机市场的空白必须被紧急填补。

这也标志着中国的另一个转折点。几乎在一夜之间，奋进的本土手机制造商开始生产本土制造的设备，源源不断地涌入市场。这些设备往往是在"山寨工厂"生产的，价格低廉，满足了中国人民眼前的需求。根据一项估计，在 2007 年，中国生产了超过 1.5 亿部山寨手机。但正如荷兰鹿特丹伊拉斯姆斯大学历史、文化与交流学院副教授帕耶尔·阿罗拉在《下一个十亿用户：西方国家之外的数字生活》中指出，未来的十亿用户要的是"精美"的产品，而非廉价的"山寨货"。

直到 2008 年，谷歌发布安卓系统才永久地改变了游戏规则。安卓是一个可定制的手机操作系统，比苹果的 iOS 便宜得多。安卓让中国公司能够认真开始考虑自己的品牌形象，似乎是为了助中国企业一臂之力，就在这一年,中国台湾半导体公司和微芯片供应商联发科技,为手机芯片组提供了一套完整的参考设计,中国制造商得以飞快地开始生产手机。联发科技的芯片支持蓝牙、触屏、文本编辑以及各种功能。这片小小的芯片给诺基亚和摩托罗拉这样的老牌传奇带来了厄运,因为数以千计的山寨工厂不再有研发和设计的成本负担,可以大量地生产各种形状和大小的手机,并且价格通常只有正版手机的五分之一。在深圳,如雨后春笋般出现的设计公司设计出各种主板,工厂可以直接买下,再生产出各式各样的手机,又快又便宜。学者廖志敏和陈晓芳在 2011 年发表在《法律与经济学杂志》上的一篇论文详细描述了这种转变。这篇文章指出:

"生产手机的成本非常大,直到 2003 年底,中国台湾发明集成芯片,才大大降低了生产成本。集成芯片降低了手机生产的准入门槛。结果,廉价、仿制的手机很快便充斥了市场。2004 年,这些无证生产的厂家使授权的厂家遭受了巨大的损失……在接下来的几年里,大多获得授权的厂家都被逼破产。"

小米

    诺基亚和摩托罗拉退出游戏，但就在中国企业抢占国内市场之前，如果说还有哪家外国公司一直运营良好，则非韩国的电子巨头三星莫属。早在20世纪90年代末，当大多数外国跨国公司把中国当作一个廉价的生产基地时，三星就很有远见，开始向中国销售设备。随着时间的推移，三星已经组建起一个由分销点和电信运营商组成的官方网络，在中国打造出强大的零售业务。当苹果公司最终在中国市场出现时，三星已经遥遥领先，不可能被推翻。2013年，路透社报道说："苹果以同样的方式进入中国市场，但是它进入得相对较晚，意味着它的影响力明显较小。例如，三星在广州有200多家官方分销商和经销商，而苹果只有95家。"三星的努力得到了回报，2013年，三星成为中国第一大智能手机品牌。

    然而，尽管在中国的竞争中表现良好，三星的成功也仅如昙花一现。外国公司花了很多年才理解中国消费者的"怪癖"。睿析科技咨询机构（RedTech Advisors）的总经理迈克尔·克伦德尼曾经准确地指出：

"中国人就是喜欢各种功能。他们想要一下子有 50 种功能，哪怕从来也不用。"三星做不到不断推出新功能，满足不了中国人民的需求，这一点自然成了三星成功路上的绊脚石，而这也是小米等公司发现并利用的"商机"。三星不得不退出竞争，很快从市场上的最佳品牌变成了勉强还在运营的品牌。当然，还有其他因素导致了这一韩国巨头的衰落。《南华早报》称：

"2016 年，三星 Note7 的电池爆炸问题是三星在中国命运的转折点。电池问题深深地损害了三星的声誉。"

不管是诺基亚和摩托罗拉没能迅速升级，还是三星手机爆炸，抑或是 iPhone 的延迟入场，最终，所有的外国手机品牌都不得不为中国本土手机品牌让路。

的确，30 多年来，中国的经济增长实在太快了。从国外品牌的血汗工厂，到生产自己的产品，中国逐渐稳住了自己的国内市场。2011 年，市场研究机构 Canalys 发布报告，中国市场排名前十的智能手机生产商中,仅有两家来自中国:华为和联想。但截至 2014 年,这个数字从"2"变成了"8"。目前,中国最大、最受欢迎的十个智能手机品牌,全部来自中国本土。

从全球来看,中国品牌目前占据了全球十大手机品牌中的八席。当然,小米便是其中之一,紧随三星和苹果之后。小米的创始人雷军常说:"站在风口上,猪都可以飞起来。"他这样说,是谦虚地把小米的成功归因到了市场的大环境上。私股投资人、北京大学教授杰弗里·陶森说:

"小米在正确的时间,出现在了正确的地方。小米于 2012 年至 2014 年发迹于中国,那时,智能手机正开始普及。小米基本上是以更便宜的价格,实现了与 iPhone 类似的功能,它们可以说是坐在了'浪尖'上。创意营销加上中国大国制造,在当时来说是非常有力的组合策略。"

但这只说对了一部分。对于小米这样的企业来说,想要突出重围,还需要企业家们具有坚持不懈的品质,以及近乎痴迷的热情。他们需要透彻理解新一代的中国年轻消费者，采取最富洞见的营销策略，这一切才有可能。这就是小米的故事，一个关于小米创始人的故事，一个关于小米公司战略的故事，一个关于小米克服重重阻碍成长的故事。

第二章

仙桃传奇与最后一掷

2010年夏天,在中关村一个不起眼的办公室里,小米诞生了。中关村是北京西北城区的科技枢纽,有时也被称作"中国硅谷"。像联想这样的中国本土公司,以及谷歌、英特尔和微软这样的跨国公司都在中关村设有办事处。中关村共有7个科技园区,雇用了270多万雇员。这里离北京大学仅有步行距离,离海淀公园也不远。在海淀公园,你可以看到中国的最新技术,例如自动驾驶摆渡车、智能慢跑跑道,以及人工智能太极拳大师等。

一开始,小米只有13名员工,包括其8名联合创始人(6名工程师和2名设计师)。作为公司的创始人之一的雷军,是小米的第一位"员工",同时也是小米最杰出的员工。不惑之年的他,勤奋认真,是一位优秀的天使投资人,也是一位能力极强的领导者。多年来,雷军赢得了"连续创业者"的声誉,小米今天的成就在很大程度上是他的功劳。

雷军在 1998 年成为金山软件的首席执行官,12 年后才创立了小米。雷军初次创业发生在那之前的 6 年多,即 20 世纪 90 年代初,当时他还是武汉大学的一名学生。尽管小米起步于中国国内手机行业蓬勃发展的时期,但雷军却有着自身独特的优势,并且有近 20 年的公司运营经验。因此,手机市场的风口来临时,雷军就像是一位练习充分的精英运动员。

2008 年,也就是创业公司中,所谓"公开生产"[1]风潮出现的前几年,雷军开设了一个个人博客,记录了他对中国新兴手机行业的想法,以及对苹果和微软等全球品牌的一些思考。2009 年 5 月 4 日,他写道:"今年是移动互联网热火朝天的一年,我有一个大胆的猜

---

1. 公开生产(Building in public)是指企业在推出产品或服务时,将产品建设的全过程公开展示给公众(译注,以下无特殊说明,皆为译注)。

第二章 仙桃传奇与最后一掷

想：2009 年是移动互联网的黄金年，未来 10 年最伟大的移动互联网公司，要么是 2009 年发展起来的，要么是 2009 年创办的"。雷军的预言在两个方面实现了：第一，中国智能手机公司 vivo 成立于 2009 年，此后取得了巨大的成功，扩展到全球 100 多个国家，自 2015 年以来被列为全球十大智能手机品牌之一。第二，在雷军写这篇文章的时候，他自己的小米公司正在运筹之中，并很快于 2010 年 4 月 6 日问世。

小米的成长速度前所未有之快，持续吸引着记者、客户以及业内人士的关注。小米推出两年后，百度榜单将其列为全球五大手机品牌之一。这一点尤其重要，因为小米一开始并不是一家手机公司，而是定位为 MIUI（一种基于谷歌安卓的操作系统）的运营公司。2011 年 8 月，小米宣布推出小米 1，正式进入智能手机制造领域。经过两个多月的等待，这款手机开始销售。小米 1 的配置顶级，但零售价仅约 310 美元，这在市场上引起了相当大的反响。新加坡知名媒体初创企业（Tech in Asia）的史蒂文·米尔沃德称其为"买得起的双核野兽"。还有一些人将其与 iPhone 和 HTC 等品牌的其他手机进行了比较。许多 MIUI 操作系统的粉丝排队购买该设备（关于小米如何建立一支强大的米粉大军，详见第五章），发布可以说大获成功。在短短 34 小时内，订单数量便超过了 30 万。

自 2008 年以来，雷军曾以投资人的身份与黄章会面数次。当时，魅族已经推出了 M8，这是一款类似 iPhone 的智能手机，运行系统基于微软的 Windows 系统。

这两家公司在中国早期的智能手机市场上不相上下。然而，随着雷军开始执行集合了多家公司元素的扩张战略，魅族很快就落于下风。事实上，一个企业只能复制另一个企业的某些方面，而不是所有方面。如果没有内化一个功能或执行某个具体的决策，复制确实是毫无意义的。从这个角度看，小米的成功本身就证明了它的创新能力远远超过"山寨"公司或从竞争对手那里抄袭蓝图的企业。美国企业家吉姆·麦凯尔维曾成功地捍卫了他的移动支付公司 Square，击败了亚马逊的几款竞争产品和其他几个山寨产品，他的论述很有说服力：

"所以，如果你仔细观察创新是如何实现的，你会发现创新的企业能很快地从一个创新中发展出14个成分，但想要抄袭的公司则必须把这14个成分全部复制一遍。这种性质是完全不一样的。"

麦凯尔维提出，一个创新的公司能够知道自己为何创新，但一个仅仅想复制的公司，往往只知其然，却不知其所以然。不知其所以然，山寨公司就难以在其失败和成功的基础上发展。小米创造新产品和新功能的动力来自用户，而不是来自抄袭苹果或其他成功的公司。

截至2013年，随着小米2和小米3进入市场，小米已经惊人地卖出了1 870万部智能手机。2014年，小米开始迅速扩展国外市场，先是新加坡，随后很快进入马来西亚、菲律宾和印度。在写这本书的时候，小米的国际业务已经进入非洲、欧洲、中东地区甚至美洲等80多个国家和地区。2018年，小米在港交所上市；

2019年，小米成为《财富》全球500强名单中最年轻的企业。小米一直保持着全球十大智能手机品牌之一的排名。在印度，它在2017年击败三星成为第一品牌，并连续几个季度保持领先地位，2019年9月的总销量突破1亿部。

小米在不到十年的时间里，取得了大多数公司终其一生想要达到的目标。这在很大程度上可以归因到其创始人雷军身上。尽管雷军在过去的角色上有过失败，但正是他的战略视野以及稳扎稳打的执策风格，才使小米成为今天的全球品牌。

哈米什·麦肯锡在《中国测试版：创新世代的黎明》（*Beta China: Dawn of an Innovation Generation*）一书中这样评论雷军：

"很明显，他是当时值得关注的创始人，他的战略令人信服。围绕着这一战略，他组建起一支全明星团队，并且培养了一个草根粉丝群体。雷军是新一代的企业家，他已经看到了C2C模式的可能性，并且愿意推动中国持续创新，甚至展现出一些值得美国学习的东西。"

丰富的经验、带来宝贵教训的失败,以及对品尝真正持久成功的渴望,这些只是推动小米发展的一部分因素。小米是雷军最后的赌注,是他退出创业之前的最后一掷。

志存高远的年轻毕业生

雷军于1969年出生于中国湖北省仙桃市。在雷军成名之前,仙桃主要被称为"体操之乡",因为它是几个体操冠军的家乡。像李小双、杨威和李大双这样的奥运体操运动员都来自这个城市。多年以后,雷军将给这座城市带来荣光——不是作为一名体操运动员,而是一位中国最成功的商人。在成长过程中,他热爱诗歌,喜欢下围棋。1987年从沔阳中学毕业后,雷军来到武汉上大学。湖北的省会武汉是一座繁华的工业城市。雷军的父亲是一名教师,当时一个月的工资大概45元。与20世纪80年代在中国农村长大的很多人一样，优异的学习成绩是他通往美好世界的门票。因此，他努力学习，成为一名好学生。仅仅两年时间，雷军就从武汉大学这一中国的顶级学府毕业，获得了通常需要四年才能完成的计算机科学学士学位。

正如比尔·盖茨和史蒂芬·乔布斯一样，年纪轻轻接触计算机，也改变了雷军的一生。那时，雷军开始慢慢体会到计算机科技带来的奇迹，回忆起这段普遍令人感到振奋的年代，雷军在博客中写道："当我有资格上机的时候，发现电脑世界太美妙了，就一头扎进去。"不妨想象一下，一个普通的18岁青年对计算机的痴迷，雷军便是如此。他骑着一辆破旧的自行车，背着一个装满磁盘和参考书的大袋子，在武汉的电子街闲逛。计算机编程让雷军得以逃避外部世界严峻的现实。有一天，他从武汉大学图书馆借了一本书，完全改变了他的观念。这本书叫《硅谷之火》。它讲述了苹果公司的史蒂夫·乔布斯和斯蒂夫·沃兹尼亚克以及微软公司的比尔·盖茨的故事，讲述了他们如何开启了这场科技革命。那一天，18岁的雷军下定决心，他也要像硅谷的传奇们那样，有朝一日经营一家世界级的公司。当然，这需要很多年的时间，再加上一些机缘巧合才能实现。但是，创业的种子已经在他的心中播下。多年以后，雷军在他的博客中写道："我至今还记得，在武汉大学图书馆看《硅谷之火》的那一天，内心燃起一团火，我要做一家伟大的企业，造福全球每一个人。这团火至今也未平息，我和小米仍在路上。"

20世纪80年代末，雷军十几岁的时候，正好是中国历史上的一个困难时期。当时由邓小平领导的中国共产党开始开放中国市场，创建一个有中国特色的社会主义社会。

1978年，中国政府决定进行经济改革，摆脱贫困，中国民众产生了巨大的热情和希望。创业不再受轻视，甚至受到了政府的鼓励。

华为国际顾问委员会成员田涛和经济学教授吴春波在《下一个倒下的会不会是华为》一书中写道：

"的确，中国在结束了一场巨大浩劫之后，社会与经济生活却依然处于半停摆状态。邓小平以'改革开放'

的口号，激活了僵化的体制，解放了生产力，更实现了对人的解放。经济建设呈现出一派生机勃勃的景象，速度与效率成为10亿中国人的主旋律。"

1989年8月，大二暑假期间，雷军与王全国共同编写了他的第一个商业软件——BITLOK。几个月前，王全国和雷军在电子街上相遇，很快就成了好朋友。他们组成了"黄玫瑰小组"，两人日夜工作，在两个星期内写出了BITLOK的原始版本。BITLOK是一款帮助防止盗版的加密软件。雷军和王全国开发了七年，直到1996年，把它出售给几家公司，包括用友和金山公司，赚取了100万元。雷军后来称这是他人生中的第一桶金。

雷军开发的第二个商业程序是一个名为"免疫90"的防病毒软件。那年寒假，他和他的同学冯志宏一起工作，用Pascal语言编写程序，这是一种在20世纪70年代和80年代流行的早期编程语言。雷军写过文章，也做过关于计算机病毒的讲座，但没有在这一领域继续下去。两人还制作了RAMinit，一个清除内存的工具，

第二章 仙桃传奇与最后一掷

以提高当时内存不足的计算机的性能。

1990年,雷军、王全国和其他几个人在一个租来的酒店房间里创办了一家名为"三色"的公司。他们的想法是开发能够将中文翻译成英文的软件。但他们也做一些别的事情赚取收入,比如卖电脑、打字、印刷等。这家成本极低的公司几乎没有钱,但总能想出一些别出心裁的办法来生存。雷军在他的博客中回忆说,有时他们会派一个擅长打麻将的同事和食堂老板切磋,赚些饭票。打麻将是中国人较大众的爱好,一般四个人一起玩。要打好麻将,需要的是技巧、战略和一点运气。这一次的创业最后失败了,但多年后,这次创业历程中的经历,将在小米的早期发展中发挥重要作用。由于合伙人之间出现分歧,三色公司最终破产,雷军和王全国决定退出。

他们两个人拿着一台"286电脑",带上公司的一些小物件,便分道扬镳。"我觉得,人就是在挫折和失败中成长的。正因为这次失败,我对自己的能力有了清醒的认识,也为未来的发展做好了脚踏实地、一步一步干的心理准备。"雷军在2008年这样写道。这是锻炼的一部分,让他成为今天的精英企业家。

雷军身上也有一股竞争的劲头。他在大学早期生活中的一个例子很有启发性。在雷军的传记中，作者陈润写道，雷军放弃了下午小憩的习惯，因为他害怕别人会把他甩在后面。"我特别害怕落后，怕一旦落后，我就追不上了。"陈润如是引用雷军的说法。

雷军热爱编程，并且确定这是他一辈子想做的事情。毕业后，他一心想去北京，而他大多数的同学都去了深圳、广州或西部。

20世纪90年代，在美国的留学生中，中国籍的比例最大。例如，小米的现任总裁和联合创始人林斌，便在美国德雷塞尔大学攻读计算机科学硕士学位。同样，小米的高级副总裁刘德也去了加利福尼亚州的艺术中心设计学院学习工业设计。但与他的同龄人不同，雷军对制度化和结构化的学习形式不感兴趣。此外，尽管编程让年轻的雷军很着迷，但他知道在中国需要再过很多年，编程才能真正地大展拳脚。在他的博客中，雷军感叹道："开始的时候，我们觉得我们没有什么不能做的（现在还能听到这样的豪言壮语），而且更要命的是我们觉得自己特别聪明，特别适合开发软件，比老外强得多。"虽然当时的情况看起来很黯淡,但乐观的他知道,变革一定会到来。而他雷军,这位新锐程序员和黄玫瑰小组的创始人,必定会成为这一伟大变革的弄潮儿。陈润写道:"雷军不仅热爱编程,还是一个完美主义者,他像写诗一样写代码,如行云流水,洋洋洒洒。"

错综之旅的开始

在北京的一个计算机展览会上,雷军与金山软件的创始人求伯君偶然相遇,并得到了金山软件的工作机会。1992年,雷军入职金山软件公司,那时他刚刚大学毕业,但已经因为擅长编程而闻名,一入职便成为金山研发部门的负责人。求伯君的计划很宏伟,想要把金山打造成最顶尖的软件公司。他称得上是中国软件行业的一个传奇人物。有一种说法是,早在1988年,24岁的求伯君在一台"386电脑"上不停地工作了大约17个月,用汇编语言编写了12.2万行代码,开发出第一款中文文字处理器。这款软件立刻大卖,并为金山公司成为中国顶尖的科技公司打下了基础。

23岁的雷军,一下子便被求伯君的抱负和编程的技巧所吸引。就这样,雷军在金山公司的漫长旅程开始了。雷军之所以是今天的雷军,与他在金山公司的旅程密不可分。但是,雷军在金山也遭遇了一些巨大的挫折。其中最大的挫折是一款注定要失败的产品——盘古办公系统。雷军和他的团队花费了近三年的时间开发这款办公产品。盘古是一款失败的产品,亏损很大,几乎使金山公司破产。失败后,雷军于1996年4月提出了辞职。求伯君没有让雷军离开,而是给了他六个月的假期。当时27岁的雷军很快从倦怠中恢复过来,于1996年11月回到金山公司工作。

1998年,金山公司从联想集团筹集了450万美元,开始向微软宣战。年纪轻轻、仅29岁的雷军,便成了金山公司的首席执行官。金山软件是中国自己的微软,它的产品与微软的Office套件惊人地相似,包括文字编辑器、电子表格和演示程序,只不过都是中文。此后,金山公司还开发了自己的杀毒软件和云存储设备。当雷军成为金山软件的CEO时,金山公司的处境可谓是"内忧外患"。作为中国的微软,金山软件不仅面临着激烈

第二章 仙桃传奇与最后一掷

的国外竞争，国内猖獗的盗版软件也几乎使金山破产。不过，金山公司并不是唯一一家受到盗版软件困扰的公司。可以说，盗版问题几乎使整个中国的科技行业陷入瘫痪。2006年，美国科技杂志《连线》写道："中国政府希望从世界低成本工厂转变为'创新社会'，创造自己的盈利技术和品牌，而盗版则会带来灾难性的后果。"尽管大多数电脑都安装了他们的软件，但金山公司却没有赚到钱，因为近90%的电脑安装的都是盗版软件。对于一家以"微软办公软件的首选替代品"为荣的公司来说，金山公司越来越清楚地认识到，仅仅作为一个"替代品"，是远远不够的。

艰难时期，作为公司的负责人，雷军决定举办一个研讨会来激励他的员工。多年来，他密切关注谷歌、苹果和微软等一些成功的美国公司，他在会上分享了他总结出的智慧结晶。雷军让他的同事们跟着他背诵两个神奇的词："专注"和"极致"，仿佛回到了高中课堂。

"谷歌和苹果之所以伟大，"雷军后来在他的博客中写道："就是因为拥有专注和极致的基因。创业者从创业开始，只有坚持'专注'和'极致'，才有机会做成一家像谷歌和苹果一样伟大的公司！"

在建设金山公司的过程中，雷军还尝试采用微软的政策，提供最佳的用户体验。"微软成功的秘诀在于用户体验，不仅要解决用户的需求，更要让用户觉得好用、易用……互联网产品成功的关键因素是用户口碑。"不幸的是，尽管雷军做出了最大的努力，但金山公司仍无法实现其创始人求伯君的梦想——成为最顶尖的软件公司。

不过，雷军的想法和积累的智慧最终没有浪费。几年后，他再次将这些想法付诸行动，准备推出小米。只不过这一次，他有了本好剧本，充满魔力。在雷军的领导下，小米一直致力提供最好的用户体验。小米的定期功能更新反映了它对用户反馈的重视程度，仅此一点，它就不断得到用户和业内人士的赞誉。但是，我们暂且还是先把镜头拉回到那个年代。

21世纪初，雷军还是金山软件的CEO，推出小米的想法甚至还没有诞生，他的事业常有磕绊。囿于金山产品在中国的盗版和国外的激烈竞争，雷军决定推出杀毒软件、游戏和翻译软件，实现产品的多样化。然而，雷军的努力再一次付诸东流，金山软件还是没能崛起。后来，2012年，在小米取得巨大成功后，《福布斯》对雷军在金山公司的"漫长而曲折的道路"进行了回顾性报道，也许是为了让读者熟悉他的职业轨迹。报道把雷军描绘得"疲惫而迷失"，因为尽管在金山公司的工作很艰辛，工作压力很大，但结果并不令人满意。和很多事一样，金山公司的上市之路同样磕磕绊绊。在经过了数次失败，2007年金山软件终于成功上市时，身经百战的雷军认为是时候卸下CEO的职务，将精力转移到其他地方了。大约16年后，经过这些激烈的战斗，雷军终于累了。但他很快就开始了作为天使投资人的旅程，并取得了巨大的成功。

展望未来的天使投资人

雷军在金山公司的历程或许称得上漫长而曲折，但在那期间，他也涉足了其他创业领域。1993年，他在中科院高能物理研究所第一次接触互联网，那是中国的第一条互联网线路。但直到20世纪90年代末，他才体会到互联网的可能性。1999 年，在金山的支持下，雷军推出了卓越网（Joyo）。卓越网最初被定位为一个软件下载网站，试图通过广告赚取利润，但并未取得成功。2000 年，卓越网转型成为一个主要销售书籍、软件和音乐的电子商务网站。通过运营卓越网，雷军获得了电子商务的第一手经验，慢慢熟悉了处理巨大在线需求的细节。说起来，未来，当成千上万部小米手机从虚拟货架上齐刷刷飞走，雷军是不是在这时就为那样的闪电销售做好了准备？很有可能。克莱·舍基在《小米：智能手机、小米和中国梦》一书中写道，当时雷军通过一个有趣的实验开始测试卓越网电子商务平台的早期版本。雷军以每罐 1 毛钱的优惠价格（而不是原价的 1 元）向卓越网的员工出售罐装可乐，雷军想借此检查卓越网平台是否能够支持突然涌现的需求。舍基指出："在卓越网的这段时间，雷军对电子商务领域的各种奇怪动态有很深的理解。例如，卓越网平台在高峰期的交易量可以达到网站平均交易量的很多很多倍。"

卓越网的崛起很快引起了美国电子商务巨头亚马逊的注意。对于亚马逊的创始人兼首席执行官杰夫·贝索斯来说，卓越网不仅是一个大型的在线零售平台，同时也是帮助亚马逊打开中国市场的钥匙。2004年，亚马逊以7 500万美元的价格收购了卓越网，包括金山软件、联想和老虎基金在内的主要股东全部套现。在一次新闻发布会上，贝索斯说："我们非常高兴能通过卓越网进入中国市场。在相对较短的时间内，卓越网已经成为中国书籍、音乐和视频的领先在线品牌，我们也很高兴能够融入中国这一全球最有活力的市场。"卓越网的创始人兼董事长雷军则说："这次并购是对卓越网四年多来取得的成绩的认可。我相信亚马逊在全世界的电子商务经验和卓越网创业团队的结合将使中国电子商务和在线客户的体验更上一层楼。"这次收购帮助亚马逊在中国站稳脚跟，亚马逊开始为8 000万渴望购买进口奢侈品的中国消费者提供服务。收购之后，卓越网起初被改名为"Amazon.cn"，后来又从"卓越亚马逊"改为"亚马逊中国"。尽管很早就进入世界上最大的新兴市场之一，但亚马逊在中国的经历并不愉快。在与阿里巴巴和京东等本地巨头的竞争中，亚马逊一直处于天然的劣势。即使在盈利能力超强的亚马逊会员日，其销售额与阿里巴巴的"双十一"相比，也仍显得苍白。2019年夏天，在挣扎了15年后，贝索斯决定将亚马逊撤出中国市场，专注印度市场。亚马逊在中国的故事或许未能迎来圆满的结局，但它以7 500万美元收购的卓越网，却无疑将雷军推向了一流之列。

卓越网是雷军成功的商业投资中的第一个，但他的野心从来都不限于他所创立的公司，甚至不限于他所投资的公司。相反，从很小的时候起，雷军就专注于更大的目标，而且他的每一次行动都是为了实现这些目标。中国企业家呈现给世界的是一个1978年改革开放以后，经济迅速发展的新兴经济体。当然，从廉价工厂到超级大国，这样的转变并不是偶然发生的，这是包括雷军在内的中国企业家多年来深思熟虑和宏伟规划的结晶。

2001年，网络泡沫破灭后，中国政府决定派一些软件公司的高管到印度考察，了解邻国如何管理其信息产业。这是雷军作为金山公司的代表首次访问印度。当第一世界经济体遭受网络泡沫、股市崩溃时，印度却出人意料地稳住了发展。这当中有很多原因：印度已经发展成为一个"数字伊甸园",拥有计算机培训学校、大量的外国投资和精通英语的程序员。此外,印度的外包软件公司,如 Infosys,拥有成千上万的程序员,他们的工资极低。相比之下,中国的本土公司都是小打小闹的企业,往往因为国内的盗版问题而血本无归。像雷军这样的中国的来访人员,则希望这次的印度之旅能帮助他们渡过这些危机。

21 世纪初,中国的网吧如雨后春笋般的出现,为中国人民提供了廉价的互联网渠道。在此之前,只有富裕家庭才能买得起电脑,普通人则对信息技术能够带来的奇迹浑然不知。由于网吧的扩散和盗版行业的盛行,中国的年轻人很快就迷上了网络游戏。中国的父母因孩子们痴迷游戏而感到悲哀,但很少有人意识到,这些游戏在无意中帮助无数中国年轻人学会了计算机的基础操作知识。中国或许没有像印度那样的专业学校,专门培训程序员,但网吧和游戏文化的蓬勃发展,确实创造了一代计算机爱好者。当然,网络游戏文化的普及也反映在游戏用户的数量上。雷军一直密切关注这一新发展,他在博客上指出,2007 年至

2008年，中国的在线游戏玩家增加了22.9%。2008年，游戏用户数量高达4 930万，游戏行业创收达1.5亿元。当时，金山公司本身在游戏市场的份额为2.69%。2010年，金山投资猎豹移动（原名金山网络）。这家公司除其他娱乐应用外，还开发流行网络游戏。雷军在2018年前一直担任猎豹的董事长，他还拥有猎豹的个人股份。

2007年，金山软件在港交所上市后，雷军决定卸任CEO，将全部精力投入天使投资中。他对互联网的想法琢磨了很久，到20世纪90年代初，雷军已经认识到，移动网络才是未来的一切。出于这一直觉，雷军开始向互联网公司投资。其实，雷军在辞去金山公司CEO之前，就开始投资一些有前途的初创企业。2006年11月，雷军在一家酒吧遇到了他的朋友俞永福。当时，雷军仍在主持金山公司的工作。俞永福是一家投资公司的成员，他无法说服其他合伙人投资一家名为UCWeb的移动网络创业公司。俞永福和雷军不仅是朋友，他们对中国技术的未来也有着共同的看法。和雷军一样，俞永福也认为，继日本之后，中国很快便会迎来移动互联网革命。俞永福说服了雷军投资 UCWeb。雷军同意这样做，条件是俞永福将成为 UCWeb 的 CEO。在短短几个月内，雷军筹集了 1 000 万美元，公司的价值增加了 10 倍。一年后，在 UCWeb 的年度董事会会议后，俞永福再次劝说雷军加大投入。这一次，雷军再次接受了他的提议。于是，2008 年 10 月 16 日，雷军成为 UCWeb 的董事会主席。由于公司的活跃用户增长了 25 倍，UCWeb 的前景普遍被看好，人们真心地相信，UCWeb 可以成为下一个谷歌。上任后，雷军在 UCWeb 的战略会议上发表了演讲，他谈到了公司的巨大潜力和移动互联网这股不可阻挡的力量。他说："UCWeb 的梦想是每个中国用户都能用 UCWeb，能够帮助大家把互联网装入口袋，而且致力推动整个手机上网的伟大事业。"

到了 2008 年，雷军大部分时间都在从事天使投资，但他总觉得准备得还不充分，无法大胆地全职进行投资。2008 年 10 月 24 日，雷军在他的博客上写道："我的确思考过做一个专业的投资者，做一个真正的企业家，但我现在还没有准备好。"从很早开始，雷军就知道如何在投资中做到慷慨而克制，也就是说，他在资金和支持方面给予帮助，但在把自己的意见强加给别人时，却保持了克制。

作为一个天使投资人，雷军挑选了一些赢家，包括凡客诚品、UCWeb 和拉卡拉。他遵循的宗旨是：如果大方向很好，小方向被验证，团队出色，那么投资回报率就高。他还认为，团队应该适应用户需求，对市场敏感，脚踏实地，有两到三个具有互补能力的人。他们应该有一个技术联合创始人，以低成本快速执行，如果可能的话，还得有经验，而且他们应该进入大的市场。团队还得善于把握时机，学会专注，并且曾经小规模地尝试过自己的想法。

随着时间的推移，他帮助许多初创企业站稳脚跟，创造了一整个生态系统，促进了电子商务和移动互联网领域的发展。以凡客诚品为例。凡客诚品是中国顶级的在线服装零售商，成立于 2007 年，雷军是其主要天使投资人之一。2005 年，雷军也帮助欢聚时代筹集资金。欢聚时代是一个分享视频的社交媒体平台，后来在纳斯达克上市。2010 年，雷军与许达来成立了一家名为顺为资本的风险投资公司，帮助中国的新一批互联网公司进行早期和中期投资。雷军很快意识到，中国的天使投资人还太少，大多数投资者希望在后期风险较低时入场。2016 年，在达沃斯的"新常态、新思路、新动能"的论坛上，雷军讨论了天使投资的利与弊。他说：

"因为天使投资人做的就是看大势，找风口，我认为手机上网是未来的趋势。我觉得创业要想五年后是什么样子？十年后是什么样子？什么是正确的事情，什么是正确的时间点。作为投资人，我的任务就是面向未来，发现趋势和机遇。"

2016 年，雷军的天使投资心得当然很有分量，因为他刚刚在 UCWeb 的投资上获得了 1 000 倍的回报。2007 年，在与朋友俞永福在酒吧见面的那晚，雷军为 UCWeb 投资了大约 60 万美元，占股约 20%。2014 年，阿里巴巴以 43 亿美元收购 UCWeb，雷军的 60 万美元变成了 8.6 亿美元，利润超过 1 000 倍。

从金山公司卸任后，雷军依旧不满于现状。尽管那时他已经是一位成功的投资者。他仍然希望建立一个更大、更成功的公司，这样才配得上他的野心。2010年，雷军成立了小米。那时，他已经是一个经验丰富的老手，有着20多年的从业经验，10多年的企业家经验。

小米确实是雷军多年经验的结晶，这些经验使他相信，未来属于移动互联网。他很清楚，手机和互联网将是未来塑造生活的两个最大趋势。多年来，作为一个成功的天使投资人，他也赢得了同事的钦佩和尊重。晨兴创投的联合创始人刘芹便是其中之一。和雷军一样，刘芹也曾投资过UCWeb和欢聚时代等公司。雷军第一次与刘芹就小米的问题通电话时，他们一整晚都在交换意见。当雷军最终挂断电话时，已经是早上了，他知道他已经拿到了刘芹的投资。2010年1月，雷军与纪源资本的管理合伙人童士豪交谈，纪源资本是一家多阶段风险投资公司，运营资本38亿美元，同时也是小米的投资方。

多年后，在美国德雷珀大学的一次采访中，刘芹回忆起小米初创的时期。我们也许永远不知道雷军和刘芹那晚到底谈了些什么，但这段采访让我们了解到，究竟是什么让雷军和刘芹决定接下这一富有挑战性的任务。

与很多同龄人一样，刘芹也在美国上了大学。在康奈尔大学和后来麻省理工学院求学的那几年，不仅磨炼了他的商业头脑，也让他更加全面地接触到了美国社会。刘芹意识到，美国经济是由婴儿潮一代塑造的。这一代人出生于第二次世界大战后的几年。是这一代人，用他们的消费模式，帮助建立了美国经济。然而，美国经济发展的故事，离刘芹自己也并不那么遥远。和婴儿潮一代一样，在中国也有类似的一代人成长起来，这一代人将帮助塑造中国的经济。自从改革开放以来，中国历史上首次主动参与全球化进程。在13亿中国人口中，目前有3亿至4亿人属于中产阶级，专家估计在未来几年内这一数字将超过7亿。想象一下，一个国家拥有7亿多收入可观、偏爱奢侈品的人口。实际上，你可以把中国想象为未来全球强大的消费者市场。刘芹和雷军很早便明白这点，并且迅速地把想法付诸行动，这也就决定了小米必定是一家革命性的企业。

刘芹作为雷军找的第二个投资者，起初对雷军的眼光感到震惊。他在2018年小米上市后接受采访时回忆说："和雷军交谈的半个小时里，我完全震惊了。"

在他看来，近几年，没有一家手机公司可以从零开始，并获得成功。雷军谈道，他坚信智能手机会成为人们最常用的设备，新的品牌必将与在线生产、在线销售，和消费者紧密相连。除此之外，雷军也不想从硬件中获利，而是把目光投向了通过提供互联网服务盈利。刘芹最终理解了雷军的想法，并且决定投资。在采访中，刘芹回忆道："……那时候，中国没有人有类似的想法。小米在设计上比当时的其他厂商更加注重用户体验，服务上也比其他企业更加一体化。"

财富密码：用户反馈

作为乔布斯和 iPhone 的粉丝，雷军清楚地知道未来属于智能手机。2010 年，40 岁的雷军想要巩固自己半生的积累，创办一家真正的大公司。于是，小米便这样诞生了。雷军最初推出的品牌是基于安卓系统的操作系统，名为 MIUI。使用手机多年，雷军非常清楚目前智能手机的缺点。2010 年的前几年，诺基亚还在勉强维持生存，市场到处都是三星、HTC 和摩托罗拉的手机。雷军意识到，这些手机虽然定价高，但操作系统的质量一般，用户急需更好的体验。而 MIUI 的操作系统无疑更加精细。然而，小米还面临着一个问题。用户将原来的操作系统替换为 MIUI 系统是有技术门槛的，如果操作不当，手机很可能会报废。不过那时，MIUI 因为品质卓越，已经有了不少粉丝，他们愿意冒险操作。或许，后来小米与粉丝之间牢固的羁绊就是从这时开始的，粉丝们都愿意信任小米，即使小米是一个新品牌，此前也从没接受过行业检验。

小米也没有让他们失望。在金山公司工作的那些年，教会了雷军用户反馈有多么重要。在金山的研发部门，他身边总是有很多工程师。公司没有市场部，所以接听客户电话的工作落在了雷军身上。这是一段新奇而又宝贵的经历，它使雷军意识到，用户反馈可以有效地解决问题。雷军在小米采用了同样的策略，他们认真听取 MIUI 用户的每一条反馈，并且按周更新，而不是根据当时的行业惯例，按年更新。小米最早的 MIUI 用户成为它最珍贵的资源，他们为小米建立了良好的口碑。因此，2011 年，小米推出第一款手机时，几乎一炮而红，立刻引起了广泛关注，这在行业上是十分少见的。小米的理念之一是"售价地道"。雷军对员工们说，他希望他卖的手机性能优异，只卖 300 美元，同配置的手机至少得卖 600 美元。显然，雷军的策略奏效了。

对雷军来说，转向硬件开发既令人兴奋，又令人生畏。这是一个陌生的领域，但雷军已经准备好开启探索之旅。这趟旅途中，他组建起一个专业的团队，将硬件、软件和互联网整合在一起。这些年来，雷军不断说服各个领域最优秀的人才加入小米。他们当中，有些是来自金山公司的老同事，有些曾在谷歌、摩托罗拉和三星担任过重要职务。虽然小米在 2010 年 4 月才正式成立，但雷军在一年前就开始为公司打基础。2009 年，雷军通过李开复认识了他的第一个联合创始人林斌。李开复出生于中国台湾，是一位计算机科学家，也是谷歌在中国地区的负责人。林斌是谷歌中国工程研究所的副总裁，负责安卓系统的中国本地化。雷军和林斌都对手机情有独钟，工作之余常常一起谈论手机问题。2009 年，李开复从谷歌离职，不久，谷歌也宣布退出中国市场。于是，林斌决定加盟雷军，一起开办一家中国的世界级手机企业。小米的另一位联合创始人黎万强来自金山。黎万强与雷军共事了很久,操劳半生,本来准备离职专心搞摄影,但雷军邀请他加入小米,并请他负责营销和品牌推广。同时,林斌拉来了他在微软的前同事黄江吉,以及在谷歌的下属洪锋,作为小米的第四位和第五位联合创始人。雷军还说服了刘德加入小米。刘德毕业于美国艺术设计中心学院工业设计专业,回国后入职北京工业大学,创立了工业设计系。不过,小米的团队仍然缺少硬件方面的人才。在面试了几十名候选人后,小米仍找不到合适的人选,最后,他们决定联系周光平。55岁的周光平是摩托罗拉的老员工。幸运的是,周光平同意了。雷军还邀请了他的朋友王川。王川最初拒绝了雷军的邀约,但2012年改变主意,加入小米。

雷军对人才队伍有非常高的要求,正因如此,小米拿下了一个大单。2011年,俄罗斯最具影响力的科技投资机构DST Global的尤里·米尔纳正想在中国投资,那时,他刚把DST Global的总部从莫斯科搬到了中国香港。米尔纳是科技行业中的大人物,他在airbnb、Twitter、Spotify、Snapchat和Facebook都有股份。早在 2005 年，他就已经与阿里巴巴的马云会面。2010 年，他从莫斯科坐了 5 个小时的飞机到北京，与刘强东讨论京东 360 的项目。刘强东也是小米最早的投资者之一。除了京东，米尔纳还对刘强东最近投资的一系列公司都感兴趣。在刘强东的帮助下，2011 年 9 月，在小米刚刚发布其第一款智能手机，但离实际销售还差几天之时，米尔纳在小米的办公室里会见了雷军。那时候，小米只能算一项风险投资，但最吸引米尔纳的是雷军在软件、硬件和互联网三个方面都要做好的信心和决心。作为一个经验丰富的投资者，米尔纳知道，投资小米必须趁早。

在米尔纳的建议下，DST 在多轮投资中投资 5 亿美元，其中包括三轮独家投资。此外，DST 还购买了小米 7% 的股份。米尔纳对小米的兴趣，尤其是对雷军本人的兴趣，对彼时的雷军来说，可谓是一针强心剂。DST 的信任，让雷军感受到自己的的确确是在做一番大事业。那年年初，雷军在一次采访中谈到了他对小米的计划。主持人问雷军，如果小米没有成功，他将何去何从。这个问题并不奇怪，毕竟，雷军是一个连续创业者,而且众所周知,新创企业时常会失败。主持人想问的是,如果小米未能成功,雷军接下来会有什么计划。雷军以其特有的坦率方式,毫不掩饰地回答道:

"不会,这是最后一次了,输了就算了。因为我曾经试过,在我40岁,年富力强,拥有所有社会资源的时候试了一次,如果输了,那就算了,我也就退出了。所以我们在创办的时候就跟大家说得很清楚,一起干4年,如果4年之内还弄不起来,就撤了。"[1]

这就是雷军的"最后一掷"。

从大学开始,雷军就梦想着要经营一家世界顶级的公司。他在金山的日子漫长而忙碌,但并没有给他带来多少成就感。回到那段时光,雷军不是在抗击国内盗版软件,就是在策划战略,同微软竞争。那时他还很年轻,最初面对的挑战,还算不上困扰。但随着时间的推移,随着金山公司的问题越来越明显,雷军开始考虑退出。

---

1. 引自雷军的博客。

他对新兴的移动互联网行业越来越感兴趣,他在这一行业的天使投资,也带给了他些许成就感。然而,对那时的雷军来说,经营一家世界顶级公司仍是一个遥远的梦。小米推出的时候,雷军已经40岁了,想把小米培养到梦想中的高度,这正是合适的年龄。然而,一旦创业失败,雷军知道,重新开始就已经太晚了。创业失败后退出,不是一个心有不甘之人的冲动之举,而是一个务实的企业家优雅退出比赛的标志。

不过幸运的是,这样的情况并没有出现。小米成了雷军的"黑马",因为它超出了所有人的预期,迅速成为中国最受喜爱的智能手机品牌之一。雷军成为中国科技界的知名人士,但随着小米开始在手机行业掀起涟漪,西方媒体也开始注意到这位特立独行的创始人。雷军2012年进入大富豪俱乐部,《福布斯》当时连刊两篇报道,标题都暗示雷军是中国的乔布斯。其中一个标题是"认识雷军:中国版乔布斯、新晋亿万富翁",另一个标题则是"小米雷军:乔布斯的中国答案?"不过,这还只是雷军荣誉的开始。2014年,福布斯亚洲将雷军评为年度商业人物。他还跻身中国富豪榜第八位,身价达 99 亿美元。根据福布斯的报告，"小米 2014 年上半年的销售额达到 55 亿美元，超 2013 年全年，根据《华尔街日报》贷款文件，小米的净利润达 5.66 亿美元。"今天的雷军越发坚信小米未来将持续取得成功，他告诉福布斯亚洲："如果 4 年前我说我能做到这些，没人会相信。"

作为中国新晋的亿万富翁，雷军的确被广泛报道。但是，在雷军的光环中总有另一个人的影子。雷军的报道每多一篇，他与乔布斯的比较便多一分。作为一个从小崇拜乔布斯的人，雷军起初可能觉得荣幸。但随着报道越来越多，两个人之间不断被发掘出越来越多的相似之处。即使在中国国内，雷军也经常被称为"雷布斯"。评论家们还评价了雷军的着装——黑 T 恤、黑长裤，与乔布斯黑色高领衫和蓝色牛仔裤的着装十分类似，他们甚至讨论了两人在各自的职业生涯中，如何完成了类似的目标。然而，这些比较并不局限于雷军和乔布斯。努力生产高规格、低价位手机的小米被称为苹果的山寨品，就像其创始人一样，也常被称作乔布斯的模仿者。虽然小米从没有承认抄袭苹果的 iPhone 手机，但面对

小米

这些无休止的比较，雷军却表达过许多不同的情绪。他曾在他的博客中写道："如果二十几岁说我是乔布斯第二我一定会觉得快乐，但当我四十几岁你说我是谁的第二我都觉得是笑话。我只要做雷军第一。"小米的一位前员工曾说，小米有一条不成文的规定，把小米的产品和苹果的产品放一起，小米的产品不能让人觉得太差。

第三章

全明星选手引帆领航

小米在推出后的几年内，很快便成为中国手机行业中的佼佼者。中国消费者注重品牌，又对价格敏感，而小米高配置、低价格的特点，可谓正中中国消费者的下怀。截至2013年中，在售出第一部智能手机后不到两年，小米手机出货量已达1 000万台。小米发展迅猛，使雷军步入亿万富翁的行列。根据福布斯报道，截至2013年3月，雷军的净资产为18亿美元。截至2020年4月底，雷军的个人资产再翻5倍多，达到92亿美元。根据福布斯预测，到2020年11月24日，雷军的净资产将超过249亿美元。雷军位列福布斯亿万富翁榜第147位，中国排名第25位。2014年，福布斯亚洲将雷军评为年度商业人物。2013年10月，中国台湾的市场分析机构集邦科技报告称，小米的表现超过了HTC，成为中国使用最多的第五大智能手机。到 2013 年最后一个季度，小米整体销量已达到 1 870 万部。2014 年，小米成为中国销量最大的智能手机。而当小米手机在中国掀起风暴，雷军意识到，是时候进入新的市场了。

仅凭国内的销售，哪怕增长再快，也很难支撑起小米的壮志雄心。雷军的创业精神和对中国国内市场的深刻理解，让小米成了中国最受欢迎的智能手机品牌之一，但接下来的旅程，小米需要的是国际视野。2013 年，雨果·巴拉被任命为小米全球副总裁，标志着小米公司开启了新的篇章。如果把手机生意看作一场比赛，那么巴拉无疑是一个全明星球员。巴拉曾在谷歌担任高管——安卓产品管理副总裁。小米招聘巴拉，是一次有重要意义的招聘。这不仅因为他是小米全球副总裁，身兼重任，还因为他是小米大家庭中第一位非中国籍的高管。小米公司联合创始人兼总裁的林斌说："接下来应该怎样进入哪个市场，几乎都由巴拉决定。"

除了小米的市场环境外，雷军的全球扩张愿景，也与中国的全球大发展战略相一致。2013 年，中国最高领导人习近平在对印度尼西亚和哈萨克斯坦的正式访问中，首次公开宣布了"一带一路"倡议。"一带一路"涉及许多基础设施项目，将极大地促进中国贸易，该倡议的主要目的是"通过文化交流和整合，构建统一的大市场，充分利用国际国内两个市场，增进国家间的相互理解和信任，最终形成资金流入、人才库、科技数据库的创新模式"。18世纪以前，中国和西方之间的贸易主要依赖丝绸之路。由于"一带一路"倡议规模庞大，其被誉为"21世纪丝绸之路"。

集装箱化彻底改变了航运业后，"一带一路"倡议将成为中国出口的最大驱动力，将经济全球化推向新的高潮。经济学家兼记者的马克·莱文森对集装箱化发表过一个有趣的观点。在《集装箱改变世界》（*The Box: How the Shipping Container Made the World Smaller and the World Economy Bigger*）一书中，莱文森讲述了集装箱如何彻底变革了国际贸易。1956年，美国商人马尔科姆·麦克林发明了统一的金属集装箱，航运成本自此急剧下降。麦克林的计算指出，与散装货物每吨5.83美元的成本相比，装载集装箱每吨只需0.16美元。跨境贸易因此翻了许多番。正如《经济学人》指出，对

22个工业化国家的研究表明，2009年至2013年的5年间，双边贸易增长了320%；1994年至2013年的20年间，双边贸易增长了790%。

对于制造业劳动力更便宜的国家，集装箱化无疑是重大利好。中国则是最大的受益者。全球约有三分之一的集装箱经过中国的港口，世界十大港口中，中国有7个。世界银行2018年的数据显示，在全球共计7.92亿个集装箱中，中国占的份额最大，约2.25亿个，其次是美国，约5 500万个。

如果说"一带一路"倡议在地缘政治界引起了轰动，让人们普遍猜测中国即将主导全球的贸易和商业，那么巴拉入职于中国这样一家名不见经传的智能手机公司，则同样令西方科技界议论纷纷。可以肯定的是，即使来自欧美的技术大咖们，在接触了中国的小米产品后，以及念不好这一品牌的名字之余，也仍然会被小米手机的高配低价所震撼。BBC、美国财经频道和经济时报等主流媒体都将巴拉入职小米描述为"谷歌高管被小米挖走"。巴拉离职还吸引了娱乐媒体的关注。在他离职的几小时前，新闻爆出他的前女友、同为谷歌高级员工的阿曼达·罗森伯格与谷歌创始人谢尔盖·布林约会。《名利场》杂志猜测，从目前的发展来看，巴拉的仓促离职，很难说是一个巧合。

当然，巴拉从未对传闻中的三角恋发表过任何评论，也未提及自己离职与之有任何关系。但他曾在一些场合提到，在拿到工作机会之前，他就与小米公司的人常有接触。在数字大会的一场采访中，巴拉透露，他在伦敦入职谷歌时，就和小米公司的人有联系了。在报中他说道："我们在各地都有团队。每个季度，我们都会召开手机行业的领导峰会，进行项目审查，召开战略会议……巧合的是，我入职谷歌的第二天，恰巧搭乘一班飞往北京的飞机，当时我正在飞机上开会。"那时还是 2008 年，小米还没有诞生。当时，两年后将成为小米公司联合创始人和总裁的林斌，正在谷歌中国的手机部门工作，他的领导便是资深技术专家李开复。巴拉和林斌见过后，便一直保持联系。很快，两人之间彼此尊重，关系越来越好，逐渐发展成了牢固的友谊。林斌的工作是为中国市场本地化安卓操作系统，很多安卓系统上的问题，他都会咨询巴拉。后来，林斌入职小米时，巴拉不禁对这家北京的小公司取得的成就感到惊讶。每次去北京，巴拉便都会买一些小米的设备回来，向他谷歌的同事们炫耀。有一次，谷歌的安卓设计总负责人马蒂亚斯·杜阿尔特称赞了小米一番，说小米公司很好地拓展了安卓平台，这给巴拉留下了重要而深刻的印象。他说："马蒂亚斯的意见真的很重要，这释放了很大的信号，表明小米公司的发展方向是对的，也向外界表明，小米公司的品牌值得信任。"后来，巴拉收到了小米公司的入职邀请，马蒂亚斯的评价也越发显得重要。除此之外，这对巴拉来说也是一个一辈子只有一次的机会，也是一份梦想中的工作：从零开始，一步一步打造一家比肩谷歌的全球性企业。巴拉说："这是我从来没有遇到过的事情，和一支我熟知的团队，一家同我自己的 DNA 相似的公司，一起在亚洲工作和生活一段时间。"

不管促使巴拉突然离职的原因是什么，谷歌有所"损"，小米很快便有所"得"。小米总裁林斌和首席执行官雷军，随即便在新浪微博上宣布了这一令人振奋的消息：巴拉将于 2013 年 10 月加盟小米。在小米北京的办公室工作了一周后，巴拉本人也于2013年10月15日在Twitter上官宣，入职小米是一趟迄今为止相当丰富、紧张的旅程。他没有夸大其词，如果说跳出自己在山景城的舒适区，来到10 500千米外的北京还不够的话，巴拉面临的职业生涯中最大的挑战在于，他接手了一家来自中国的创业公司，而这家公司在他之前生活的世界里还默默无闻，不为人知。

回到小米这边，小米公司的联合创始人则对雨果·巴拉有信心得多。在谷歌多年，巴拉早已成为安卓产品发布会上大家熟悉的面孔。但在他的职业生涯中，在产品管理方面，他的涉猎时间其实更长。雷军、林斌和公司的领导层都很重视产品，因此，他们一开始就很契合。

巴拉于1976年出生在巴西的贝洛奥里藏特，后来搬至美国上大学。1996年，在录取率为7%的精英大学麻省理工学院读本科时，20岁的巴拉既要兼顾管理学、计算机科学和电气工程等课程，又要扮演高年级班长的角色。2001年，当他回到麻省理工学院完成电气工程硕士学位时，他成立了一家语音识别公司，算是麻省理工学院媒体实验室的一部分。巴拉将他的第一家公司命名为 Lobby7，或许是为了提醒自己，这里是他梦想开始的地方。Lobby7 指的是麻省理工学院著名的无限走廊的大厅边上的第七座大楼。Lobby7 算不上巨大的成功，但收购型科技公司 Scansoft 于 2003 年收购了 Lobby7。毕业后，巴拉加入 Scansoft 公司，加入一个 7 人的小团队，担任产品经理。2004 年，他迅速升职为总监。2005 年，Scansoft 与语音识别的领先企业纽昂斯通讯合并，巴拉继续担任总监，直到 2008 年卸任。不过，即使在担任总监期间，巴拉也继续研究手机语音搜索和语音通信软件。他甚至以纽昂斯的品牌名称推出了一些语音识别产品。纽昂斯凭借语音识别软件 Dragon Naturally Speaking 成为语音识别技术的领先品牌。巴拉在纽昂斯的贡献和领导能力很快便引起了谷歌的注意。

谷歌由拉里·佩奇和谢尔盖·布林于 1996 年创立。他们当时还是斯坦福大学的博士生，1996 年也正是巴拉刚进大学的那年。2004 年，谷歌上市。2006 年，发展迅猛的谷歌以 16.5 亿美元的价格收购了 YouTube，

2007 年以 31 亿美元收购了 DoubleClick，一路高歌猛进的谷歌走在了通往全球最具价值的科技公司的道路上。它从世界各地吸纳人才，开发出许多可大规模推广的互联网产品。2008 年 3 月，巴拉飞往伦敦，开始在谷歌的英国总部担任集团产品经理。

安卓、移动互联网，以及小米的先见之明

毫无疑问，谷歌为巴拉这样的人才提供了绝佳的平台。在成功上市后的短短四年里，谷歌吸纳了来自世界各地的优秀人才，并且渴望搜罗更多的人才。2009 年，巴拉成为谷歌的手机产品运营总监。2010 年底，在谷歌伦敦总部任职近两年半后，巴拉回到了美国。这一次，他入职的是加利福尼亚州办事处的安卓产品运营总监。那时的巴拉成为安卓产品发布会的常客，经常在谷歌 I/O 开发者午会上发表主旨演讲，他也常常与埃里克·施密特以及安迪·鲁宾一起在其他谷歌活动中做展示。

在过去的五年里，手机行业的发展引人注目，谷歌

开始更加密切关注移动互联网行业。2010年夏天，在苏黎世举行的谷歌内部发布会上，谷歌的业务发展经理阿曼达·罗森伯格透露了谷歌的研究预期：移动互联网将在短短两年内超过桌面互联网。

2010年11月，华尔街专家玛丽·米克尔发布了一份报告，题为"互联网领导层应该问答的十个问题"。报告指出，移动互联网的发展速度"比任何新事物都要快"，并提出了这样一个问题："你的企业是领先还是落后？"自iPhone推出以来，美国的移动互联网用户，在短短三四年内已经达到1.2亿。相比之下，20世纪90年代中期开始增长的桌面互联网，速度则要缓慢得多。米克尔还提出了一个引人注目的观点：安卓和苹果系统的迅速崛起，正在蚕食塞班、黑莓等其他操作系统的市场份额。此外，智能手机的出货量在两年内就超过了个人电脑的出货量，标志着一场互联网渠道"圈地战"的开始。

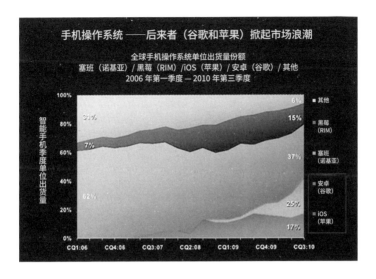

来源：玛丽·米克尔报告，2010年。

对于当天在场的一些人来说，玛丽·米克尔的报告或许能带来一些启示。但在中国的科技界，这已经是老生常谈。早在2008年，小米的创始人雷军就将21世纪的第二个十年称为移动互联网的十年。在UCWeb的战略会议上，雷军曾感叹"移动互联网正在成为一种趋势"。如果说欧美和亚洲有什么区别的话，那便是谷歌提出的未来可能性，在中国和日本的市场早就成了现实。2012年的谷歌I/O大会进一步证明了雷军的远见卓识。当时，巴拉已经成为谷歌安卓系统的副总裁。巴拉穿着他标志性的黑色 T 恤衫在 I/O 讲台上踱步，向观众展示了一系列惊人的数据。在过去的几年中，全球智能手机用户的数量激增。2011 年至 2012 年，安卓用户从 1 亿增加到 4 亿。谷歌的内部研究显示，每天有近 100 万台安卓设备处于活跃状态。法国、韩国和日本的市场在一年内增长了 200% 到 300%。至于发展中国家，如印度、巴西、泰国和印度尼西亚，安卓设备市场自 2011 年以来增长了 500%。截至 2015 年，约 14 亿台设备安装了安卓系统，截至 2019 年 5 月，全球三分之一的人口，即 25 亿用户都在使用安卓。正如记者埃米尔·普罗塔林斯基在数字媒体 VentureBeat 中指出："这比微软估计的全球 15 亿台运行 Windows 的电脑还要多，要知道，微软的这个数字已经多年没有增长。这也超过了 Facebook 截至上个月的 23.8 亿月度活跃用户数量。安卓是谷歌第一个用户数量突破 20 亿大关的平台。"随着印度等新兴市场对安卓的开放，越来越多的人第一次拥有了智能手机设备，有太多事情令人兴奋。

巴拉的另一次大型的公开采访是在 2013 年巴黎的

LeWeb 会议上。那时,他已经从谷歌辞职,搬到了北京,正忙着宣传小米,讨论产品组合。他惊讶于中国人的"未来主义"和"技术驱动"的心态,并且乐此不疲地向世界宣传这点。当巴拉向主持人(卢瓦克·勒默尔,LeWeb 的创始人)和观众讲述他搬到中国后的生活时,人们可以感受到他身上的那股兴奋劲儿。对他来说,这是一个全新的角色。与他之前在谷歌的活动不同,小米的国际推广活动不需要介绍,完全是关于新产品的发布,小米的国际推广活动从来都不局限于自己的产品。一开始的时候,巴拉可以说既是小米的品牌大使,又是小米全球的副总裁。巴拉经常说,小米是改变中国科技的先驱,但他永远都会同时提及百度、阿里巴巴、腾讯等其他优秀的中国企业。这些企业也将卓越的科技,送到了消费者的手中。这也正是雷军的梦想:建立起一整个生态系统,改变世界对中国的看法,让世界看到,中国已经能够为世界带来尖端的创新科技。聘用谷歌的巴拉作为小米的新代言人,为小米的愿景增加了可信度。

巴拉在科技博主中有很高的人气。2014 年,科技记者尼米什·杜比在参加小米在德里举行的新手机发布活动后写道："……我们数不清有多少人想和这位魅力四射的小米副总裁合影。"他把巴拉称作小米的秘密武器，他写道：

"雨果·巴拉和许多科技界的高管不同，他从不居高临下地和观众们说话。在上周德里的活动上，他经常在问答环节把麦克风递给提问的观众，有时甚至直接坐在观众旁边。他的举手投足都证明了他的品格。"

曾在小米工作过的员工也认同这点。他从不乱说话。如果你有什么点子，不管你的职位有多低，你都可以向他提出来。

小米的"黑粉"喜欢把小米称作"中国的苹果"，但因为巴拉，小米现在代表着一家年轻、快速成长的新兴公司，随时准备好面向全球市场。在此之前，小米只能算一家做得不错的中国公司，这样的公司有很多，包括它的老对手魅族。小米公司的名字，还套用了中国共产党在抗战期间"小米加步枪"的意象。小米或许是一家 21 世纪的新公司，但在精神上，它却和中国革命一样，有历史、有沉淀。

自巴拉上任以来，小米一直在全球范围内制造新闻。一段时间下来，小米终于开始计划一些"大动作"。然而，对于不懂中文的人来说，小米的英文名 Xiaomi 很容易带来混乱，因为一般人很难读对。鉴于此，2014 年，小米的创始人决定将小米的英文名缩短为"Mi"，希望能提高品牌的知名度，便于客户传唱。小米还宣称，Mi 是"移动互联网（Mobile Internet）"的缩写。2014 年 4 月，小米以 360 万美元的价格购买了 mi.com 的域名，据称这是中国有史以来成交价格最贵的域名。除了是"移动互联网"的缩写外，小米的主页还提到，Mi 还代表"不可能完成的任务（Mission impossible）"，因为小米面临许多挑战，一开始大家都觉得不可能战胜。Mi 是一个容易记住的名字，具有潜在的品牌记忆价值，并且很容易吸引新用户。小米公司的联合创始人兼首席品牌官黎万强在其 2016 年出版的《参与感：小米口碑营销内部手册》一书中写道："mi.com 的优势在于适合国际推广。这个域名可以让'Mobile Internet'的概念更容易在全球范围内传播。"现在，进军全球，小米万事俱备。

新加坡：小米进军全球的桥头堡

2014年2月，巴拉上任6个月、小米英文名改为Mi的前不久，小米首次进入大中华区（包括中国大陆、香港和台湾地区）以外的市场。按照之前大多数中国科技公司的传统，小米将新加坡选为第一块"试验田"，后续再进军印度和其他南亚国家的市场。2014年2月21日，小米手机在新加坡发售。新加坡的智能手机普及率超过85%，用户数量约500万人。林斌和巴拉出席了这次发布会。谈到这次发布会的规模，巴拉说：

"在这些国家的初期推广工作会做得很慢，规模也不会太大，因为我们得确定自己的策略是否正确。有各种与运营商有关的问题，我们有时无法一次解决。因此，我们会从小规模做起，然后根据市场的需要，扩大规模到马来西亚和其他国家。"

小米在新加坡的国际表现取得了成功,尽管新加坡作为一个小国,不太能影响到公司整体的全球排名。随着小米国内销量不断增长,截至 2014 年第三季度,它已经超过了许多其他全球品牌,成为世界第五大智能手机制造商。到 2015 年,小米逐步开始向全球顶尖迈进。根据国际数据公司的数据,小米的智能手机出货量超 1 700 万部,占全球 3.278 亿部智能手机出货量的 5.3%。同期,三星以 7 810 万部的出货量在排名中领先,其次是 iPhone 的 3 930 万部。联想和 LG 并驾齐驱,同期智能手机出货量略低于 1 700 万部。这是小米首次闯入全球排名前三。然而,这仅仅是开始。一直保持着写博客习惯的雷军,在小米取得全球排名前三的好成绩后发布了一篇博客,暗示了雷军无比宏大的野心。他写道:

"一家中国公司,坐拥全球最大的消费市场,在本土作战的优势下,取得了业内侧目的成绩,大概可以很满足了。但我们并没有把自己只定位在中国市场,因为我们向往的征途还在更广阔的天地。……以后的战场将在全球。今年（2015年），我们一不小心就有机会进入全球前五了，未来我们将向全世界展示来自中国的科技创新力量。"[1]

对雷军来说，小米的成功只是"不小心"。雷军是一个现实主义者，他常说，如果具备所有要素，"猪都会飞起来"。他知道，一家公司在发展过程中必定会经历几次失败，成就大，往往挑战也大。雷军的说法并非毫无依据。许多人指出，小米一旦离开知识产权相对宽松的中国大陆，注定会遇到专利纠纷。并且，渗透到美国、英国和欧洲等更成熟的市场，需要的也是一整套不同的策略。因为小米在发达国家的潜在消费者的需求往往都是换新手机，而非像发展中国家市场那样，很多人是第一次用智能手机。这些都是小米面临的挑战。不过，目前为止，小米在初次进军海外的尝试中表现良好，正准备顺着浪潮，进军印度市场。

---

1. 引自雷军的博客。

2014年7月，小米进入印度市场。印度人口超10亿，经济发展迅速，按人口计算，印度是新加坡的200多倍，但智能手机普及率不到10%。这一次，它也遵循了与新加坡类似的方法，从小规模开始，一次发布几千部手机。当时，小米仅能在线销售，营销方式仅限于口碑推广。小米在本土电商平台Flipkart上的首次闪购获得了巨大的成功，所有的手机在5秒钟内就被卖光了。

发展一年后，小米的运营变得越来越精细。雷军不再有足够的时间像几年前那样，定期撰写博客文章。但是，在2015年到来之际，他重回博客，写了一篇新年贺词，并补充道：

"2014年，势必成为小米发展历史上的一个重要里程碑。我们从行业的追赶者，变成了被全行业追赶的对象。甚至在年末，我们还遭遇了国际巨头的专利诉讼，迎来了小米的成人礼。"

显然，从一年前的"不小心成功"，到一年后的现在，小米渐渐变得越来越成熟。

各个季度的闪购捷报频传，小米作为科技巨头的地位，也得到了巴拉的母校——麻省理工学院的承认。2015 年，《麻省理工科技评论》公布了著名的"50 家聪明公司"榜单，小米排名第二，仅次于特斯拉汽车，超过而苹果、谷歌、Uber 等科技巨头，甚至超过中国传统科技巨头百度和腾讯。得到一家地位崇高的西方媒体承认，这对小米来说是一个大胜利。这不仅仅是因为小米以巨大的优势击败了行业巨头，更重要的是，小米以前所未有的方式从 2014 年的全球第 30 位跃升到了现在的位置。回到 2013 年，小米名不见经传，名字晦涩难懂，难以拼读，被不少人嘲讽为"中国版苹果"，但 2015 年，它已经在"50 家聪明公司"的榜单上排名第二，这无疑是一次壮举。实际上，也正是因为得到了这样一次有含金量的国际认证，小米此后的国际扩张道路，变得越发从容。

作为 2015 年新年决议的一部分，雷军在他的博客上写了以下几句话：

"心怀梦想，向世界进发。我们已经走出国门，进入境外7个国家和地区,并在当地大获成功。我们在印度市场已经售出超过100万部的手机。今年我们会进入更多的海外市场,在国际化上,我们将面临更多新的挑战。成功的路上从来没有坦途,我们将披荆斩棘,乘风破浪,把来自中国的优质科技产品带往所有阳光能照耀到的地方。我们要让全球所有人都能享受科技的乐趣!"

接下来的5年,小米将在印度销售1亿部手机,并且很快将开始冲击西班牙、意大利和法国等发达国家市场。

2015年,小米进入巴西市场。巴西人口多达2亿。某种意义上,小米进入巴西市场,对巴拉而言象征着一个"轮回"。他十几岁便离开巴西,前往美国深造,近20年后才回到祖国,出席这场备受关注的小米发布会。巴拉在发布会上告诉记者:"在今天的发布会前,我们在巴西已经有了一个非常活跃的米粉团体,很多粉丝一直热切地期盼能够拿到我们的产品。"在大型发布会前通过"米粉"制造热点,几乎已经成了小米的惯例。

由于小米在国内外都备受欢迎,世界各地的技术爱好者和专家,都十分关注小米高配置、低价格的手机。与印度一样,在进入巴西市场之前,小米便已经积累了大量的粉丝。

小米的美国之旅:广受好评,但入市艰难

在美国,媒体人员普遍震惊于小米席卷西方市场的速度。2015年《财富》杂志发表了一篇题为"走进中国"的专题报道,深入介绍了OnePlus、OPPO和小米等中国科技企业。文章指出:"中国超过美国,成为全球最大的智能手机市场。2012年以来,中国市场的手机出货量翻了一番,达4亿部,和美国与加拿大加起来的总人口数相当。"中国浪潮的现象并非唯一,早在20世纪70年代,日本也曾掀起过"日本热",索尼、三洋和夏普等品牌也一度席卷西方市场。随后是21世纪初的韩国热,三星、现代和LG等品牌"重演日本公司的戏法,压低价格,以创新和利润胜出"。文章指出:"2010年显然是属于中国的时代。我们正面临着一个

新的时代,一个消费电子产品的时代,一个中国的时代。这个时代到处都是聪明、勤劳的企业家和工程师,他们站在巨人的肩膀上,面向未来。"晨兴创投合伙人刘芹对这篇文章评论道:"浪潮这才刚刚开始。"

在 2015 年的代码大会上,巴拉谈到了向美国和欧洲进行全球扩张。当时,小米的市场基础已经不局限于中国还渗透到了新加坡、马来西亚、印度和印度尼西亚的市场。随着巴西市场开拓成功,小米开始考虑进入英国、德国、法国甚至美国市场。当时的小米已经开始生产一系列的产品,其中包括可穿戴设备,如小米手环(具有健身和睡眠追踪功能)、高端耳机、充电宝以及自拍杆。为了增加小米的知名度,2015 年 6 月起,小米官方网站开始允许欧洲和美国的消费者购买小米的周边产品,尽管当时手机购买业务还没有对他们开放。

小米一直在认真考虑进入美国市场,但在 2015 年,这种想法显得不太现实。在谷歌工作了五年多的巴拉,自然对美国的市场有深刻理解。在 2015 年的代码大会上,他解释了为什么美国与此前小米扩张过的市场截然不同。"美国市场的竞争非常激烈。"巴拉在解释美国的市场条件时说道:"美国市场对价格没那么敏感,不仅因为人均收入比绝大多数发展中国家高,还因为美国的手机市场非常依赖电信运营商,我们必须通过手机运营商来销售手机,因此小米的价格优势将荡然无存。"巴拉是对的。即使在今天,美国的智能手机也很少单独直接销售,手机往往与电信运营商的"月费套餐"绑定销售。与运营商合作,是一件费时又费钱的事。这意味着小米通过网络平台直接销售,开展闪电销售的策略不再行得通。除此之外,小米还得建立起完善的手机售后服务体系,而这又需要有经验的后台负责人才能胜任。巴拉说:"要进入美国市场,我们必须得拿出天衣无缝的售后服务。"再考虑到物流问题,进入美国市场,必须得花上几年的时间才够。相比之下,印度成长为小米继大中华区之后的第二大市场,仅仅用了大约一年的时间。印度市场的新变化,让身为小米全球副总裁的巴拉越来越频繁地飞往印度。实际上,因为常常待在班加罗尔的办公室,他还开玩笑说印度已经成为他的"第二个家"。毫无疑问,小米在印度的巨大成功非常重要,这证明了巴拉具备卓越的领导能力。但是,巴拉也无法事无巨细地制定出美国市场的发展战略。他曾疲惫地说："我不可能同时出现在班加罗尔和旧金山。"

可以理解的是，巴拉、林斌和雷军等小米的领导人，都花了不少时间在印度搞关系，因为这样才能巩固小米作为印度第一手机品牌的地位。但是，当印度成为小米的全球第二大市场之时，美国修订外交和贸易策略，使得小米进入美国市场的可能性微乎其微。2016年11月，奥巴马结束了八年的任期，唐纳德·特朗普当选新一届美国总统，对世界来说可谓喜忧参半。对中国来说，这不是什么好事，对想要进入美国市场的小米来说更是如此。特朗普厌恶中国，可谓尽人皆知。即使是在参选的时候，他也经常发表言论，反对中国贸易行为，甚至承诺过，如果他成为美国总统，将重征关税，严格限制中国进口产品。事实上，特朗普早在2012年就发起过征收中国关税的提案，也就是在那时，他第一次开始考虑竞选美国总统。

2017年1月，就在特朗普即将就任美国第45任总统之时，入职三年半的巴拉宣布离职，卸任小米的全球副总裁。在这些年里，快40岁的巴拉把大部分时间都投在了工作上，肉眼可见地衰老了不少。并且，他也慢慢开始被浓浓的思乡之情环绕。一位曾和巴拉关系密切的小米员工表示："巴拉总是在工作，对细节也近乎痴迷。但是，他也因此失去了自己的生活，并且，作为小米的高层，也算是名人，他也生活在了社会密切的关注之下，令他不安。"

2017年1月22日，巴拉在Facebook上写了一篇文章，解释自己为什么要离开小米。他说："我意识到，过去几年，我一直生活在这样单一的环境中，我付出了太多，身体也开始吃不消。我的朋友们和我的家都在硅谷，那里离我自己的家人也更近。这么多年来，我把一切都抛之脑后，现在也是时候回归了。"巴拉的朋友，升任小米总裁的林斌也在Facebook上发布了一篇情真意切的推文，确认了巴拉离职。林斌写道：

"三年半前，巴拉加入小米，我们一起展开了一场伟大的冒险，把小米打造成了一家全球性企业。我们一起经历了很多，我对他为小米的旅程做出的贡献感激不尽。虽然我们都希望巴拉能在北京和我们继续待下去，但我们也理解他的选择。希望他在未来的工作中一切顺利。"

的确,在担任小米全球副总裁期间,巴拉表现不俗。在他的领导下,印度已经成为小米最大的国际市场,2016年,营业额首次突破了10亿美元,比印度历史上任何公司都发展得快。当时,小米已经成功扩张到20个国家,包括印度尼西亚、新加坡、马来西亚和波兰。但是,印度真正代表了巴拉担任副总裁期间的最高荣耀。一位小米的前员工回忆道:"他为小米在印度的业务争取到了很多自主权,因为他相信,想要成功,非这样不可。"在那之前,大多数中国企业在别国设立分部时,都不会给分部太多的权力,但在小米这里,巴拉改变了一切。他组建起了这个印度的团队,保证了公司长足的成功。

随着中美之间的紧张关系逐年升级,小米备受期待的美国扩张计划陷入了僵局。这也似乎是巴拉转行的绝佳时机。实际上,辞职后仅二天,马克·扎克伯格便宣布巴拉加入Facebook。一天后,巴拉本人也在Twitter上宣布,他将加入Facebook,担任虚拟现实部门的副总裁:

小米

"还在VR/AR仅存在于科幻小说中时,这方面的工作便一直是我的梦想。现在,我们已经可以在虚拟世界玩自拍。从小米的CEO雷军那里,我明白了在我们的行业中,将最顶尖的科技普惠给最广大的群众,没有什么比这更重要。"

巴拉辞职无疑给小米全球扩张的计划留下了一个空位。但是,正如他们所说,一切都没有落幕。此前一直担任小米印度公司运营主管的马努·杰恩被任命为小米公司新的副总裁,负责监督公司在东南亚的业务。全球业务被移交给高级副总裁王翔。王翔曾任高通中国总裁,也是小米的联合创始人之一。进入美国市场仍然只是一个遥远的梦想,但2017年5月,巴拉离职后不过数月,小米便宣布在墨西哥上市。很多人认为进军墨西哥是小米进军北美计划的一部分,小米计划的是2019年进入美国市场。墨西哥对小米设备已经很熟悉,之前便可以通过小米的合作伙伴获得购买渠道。但这次正式在墨西哥发布,则标志着小米更加深入地渗透到墨西哥市场。互联网媒体 TechCrunch 表示，"至少如果美国的'米粉'想买小米设备，墨西哥也不算太远"。

从很多事情上来看，2017 年对小米来说都是不同寻常的一年。2016 年，小米销售情况不佳，遭遇挫折，但 2017 年销量大幅回转。公司年会上，在写给内部员工的一封信中，雷军诚挚地写道：

"2017 年 10 月，我们提前实现了年初提出的营收过千亿目标。跨过千亿门槛，小米仅仅用了 7 年时间。我查了一下，营收过千亿，国际科技巨头中，苹果用了 20 年，Facebook 用了 12 年，谷歌用了 9 年，国内科技公司，阿里用了 17 年，腾讯用了 17 年，华为用了 21 年。不仅如此，今年我们有很大机会进入世界 500 强的行列。……目前我们已经进入了全球 70 多个国家和地区，在不少国家都建立了领先优势，但这还只是开始，还有巨大的深耕空间，更何况全球市场的版图上，大片大片市场还是空白，正等待我们开拓。广阔天地，大有作为，我们不仅要在战略、资源、本地化产品开发等方面给予更多支持，还要派出更多的精兵强将直接去全球各地开疆拓土。……2018年，中国手机市场规模将出现十多年来首次下降的趋势，同时品牌集中度也将进一步加剧，行业竞争将会更加惨烈。但我们没有退路，不能停留，只能向前！中国市场是小米的根基，是全球最大的消费电子市场，也是全球行业竞争的高地。只有在本土胜出，才能持续支撑国际业务稳步发展。只有赢在中国，才能赢得世界。所以，今年我们要设定一个新目标：10个季度内，国内市场重回第一！"

随着电信巨头华为在国内市场的热度上升，对小米来说，成为中国第一被证明比雷军想象得更难。2017年至2019年，小米可以说节节败退，但2019年，小米还是进入了《财富》全球500强名单，比雷军的预期晚了一年。不过，即使如此，这依旧是一项壮举。小米是榜单上"最年轻的"公司。2018年，小米回归本心，继续巩固中国市场，因为进军国际后，小米在国内的业务受到了不小的影响。当小米在国外市场奋战时，国内的华为、OnePlus、OPPO和vivo等中国智能手机公司慢慢崛起，逐渐取代了几年前小米在国内的地位。

中国国内的手机品牌大战,再度打响。

小米上市

小米的公开上市是其十年来的又一个重要里程碑。2018年7月9日,小米于港交所发起首次公开募股。

2014年初,任命巴拉为全球副总裁后,小米开始进军海外市场。2015年,小米开始出现亏损。到2016年,小米在国内的部分市场份额已被竞争对手抢去。很多人把小米亏损的原因归结于步子迈太大,急于进入全球市场,这才被华为、OPPO、vivo和OnePlus等企业所挤压。

不过,雷军立誓要夺回市场,为公司扭转局面。2017年,尽管竞争激烈,小米的规模还是实现了进一步扩张。2017年12月,大卫·克莱恩在《连线》杂志上写道:"在全球智能手机业务的战斗中,从来没有一家公司能够从挫伤中再度回归。"小米推出新机型小米MIX 2(被誉为全球首款无边框手机)、开展线下零售、大胆扩张小米生态产业链,一步步重回大众的视野。同时,小米在印度的销量也进一步增加。最终,雷军的博弈获得了成功。

在小米上市前,雷军在小米博客上记录了多年以来小米取得的成就:

"数字说明一切。"

"2017年我们收入1 146亿元,7年的时间就跨过了1 000亿营收门槛。2017年收入同比增长67.5%,今年第一季度同比增长更是高达85.7%。另外,互联网服务的收入占比8.6%,也达到了99亿元的惊人规模,今年Q1互联网服务收入占比又提升至9.4%。这充分证明了我们互联网的业务能力,我们可以把硬件和电商带来的流量转换成收入和利润。"

这封"公开信"不仅写给小米的粉丝,同时也写给那些仍对小米的实力持怀疑态度,因而还在观望的投资者。

不出所料,尽管还不确定是在纽交所还是在港交所上市,小米即将公开上市的消息还是在市场上引起了热烈讨论。2018年是中国公司在美国上市的第8个年头。

第三章 全明星选手引帆领航

福布斯报道称："2018年美国上市的顶尖公司中，有4家来自中国：在线视频平台爱奇艺在纳斯达克以24亿美元上市，电商新贵拼多多在纳斯达克以17亿美元上市，电动汽车制造商蔚来在纽交所以12亿美元上市，以及腾讯音乐娱乐在纽交所以11亿美元上市。"不过，科技史上规模最大的上市，还要属2014年阿里巴巴在纽交所上市的那一次，上市规模达250亿美元。

小米最初计划以1 000亿美元的估值融资100亿美元，这或许能与2014年阿里巴巴的上市规模有的一比。鉴于小米估值之高，小米本可以轻松成为科技史上第三大规模的上市，仅次于阿里巴巴（估值1 670亿美元）和Facebook（估值1 040亿美元）。这样的成功过于巨大，人们纷纷猜测小米是否能成功上市。同时，这也让人们看到，中国的科技和经济发展正在超越美国。改革开放以来，中国已经逐步放开了市场。但随着雄心一步步扩大，中国企业开始进军海外，吸引全球资本。据报道，仅2017年，便有多达137家中国公司在美国或中国香港市场上市，包括富士康、阅文和搜狗等公司。

近年来，中国科技企业越来越青睐于在纽约证券交易所上市，因为纽交所的估值高，科技投资者多，并且享有"全球最大市场"的美誉。同时，香港证券交易所也对中国科技公司有很大的吸引力，主要因为中国企业熟悉那里的环境。小米决定在港交所上市，可能是因为对中国香港市场相对熟悉，但事后看来，这也是为了避免受到中美贸易战影响而采取的现实之举。自2016年特朗普上台以来，中美之间的贸易战日益加剧。在上市前几天，《金融时报》预测，如果小米达到其预测的估值规模，它将成为港交所的第六大公司。在小米诞生的十年间，小米显示出对市场的惊人判断能力。而在港交所上市的决定，再次证明小米在市场情报方面优秀的预见能力。小米上市一年后，《福布斯》刊登了一篇报道，讨论了全面禁止中国企业在美国上市可能带来的后果。

"如果真的禁止中国企业在美国上市，香港证券交易所将成为最直接的受益者。港交所已经成为上市的热门去处。去年（2018年），44家中国公司在香港上市，吸引了320亿美元的资金，几乎是2017年的三倍。"

文章进一步指出:"如果禁令真的成为现实,最近在上海开设的上海证券交易所,也可能会有更多的中国企业上市。禁令只会让中国坚定决心,追求科技领先地位,不再依赖国外资源,仅此而已。"小米在香港市场上市的决定,再次证明小米仔细权衡了自身在这场贸易战中的得失,确保了其未来的市场前景。

小米上市的新闻再次证明,它将又一次改写游戏规则。《经济学人》在熊彼特专栏(以著名经济学家约瑟夫·熊彼特命名,以其金融资本主义理论而闻名)中说:"熊彼特给出的答案是,小米与全球任何大公司都不一样。几十年来,美国人心目中理想的上市公司都有着这样一个形象:专注、多方持股,并且行为高度可预测。然而,小米却是一家能力超强的中国企业,它表现出与美国公司截然相反的特质:无序扩张、高度专制,并且极度活跃。"中国公司和美国公司对创业这一概念有着不一样的理解,这在阿里巴巴和Facebook上市后,各自CEO的反应中得到了最好的体现。在Facebook上市16个月后的一次技术会议上,马

小米

克·扎克伯格告诉他的听众，上市使 Facebook 成为一家"更强的公司"。相比之下，马云对阿里巴巴成功上市的反应却相当保守。上市后不久，马云谦虚地表示："今天我们融到的不是钱，我们融到的是信任，是所有人对我们的信任。"显然，在小米上市前的最后几个小时，雷军的心态与马云非常相似。在上市的前夕（2018 年 6 月 8 日），雷军向所有的粉丝、员工、投资者和八年来一路支持小米的所有人写了一封感谢信。在信中雷军写道：

"我相信，小米的创业故事将启发和激励更多的创业者！如果 100 年后人们评价小米，我希望他们认为小米最大的价值并不是卖出了多少设备，赚回了多少利润，而是我们改变了人们的生活，探索实践了商业的终结形态——与用户做朋友，实现商业价值与用户价值最大限度的统一，证明了靠锐意创新的勇气、持之以恒的勤奋、踏踏实实的厚道就能够成功。……世界会默默奖赏勤奋厚道的人。明天小米即将上市，就是对我们奖赏的一部分。但这一切只是开始，上市从来不是我们的目标。我们奋斗不是为了上市,我们上市是为了更好地奋斗。成功上市只是小米故事中的第一章的总结,第二章更加华丽绚烂。"

然而,小米的上市并未像预期般进行。小米最初预估的股价为每股17—22港元。最后,小米以每股17港元(2.17美元)的价格出售了约21.8亿股,价格为估价范围的最低价。总体来看,小米以540亿美元的估值融资47.2亿美元,为2014年阿里巴巴上市4年以来的最大科技企业。批评者称,这一次备受关注的上市,是对小米这家公司的"现实检验"。尽管在港上市、时差以及中美之间不断升级的紧张局势使小米很难吸引到国际融资,但这次上市,也的确暴露了小米自身的一些缺点。小米是第一家在上市前申请中国存托凭证(CDR)的公司。与美国存托凭证类似,中国监管机构开始要求在中国大陆以外上市的中国公司,也要通过发行CDR在国内市场进行二次上市。CDR的目的是允许公司从国内市场筹集资金。然而,就在上市前,小米决定无限期推迟CDR的申请,直至香港上市结束。这意味着,小米本可以从国内投资者那里筹集到的资金，现在变成了零。然而，小米没有对这一突然的决定做任何解释，只是透露它将在未来寻找适当的机会，再发行CDR。此外，很多人表示，小米股票的表现充其量也就是平均水平，原因之一可能是全球投资信心本就低迷。香港金利丰证券研究部董事黄德几的批评可能是最严厉的："老实说，小米不是一家互联网公司……它只是一家硬件公司。这就是问题所在。"此外，小米曾承诺，要将智能手机销售的利润限制在总利润的5%以内。批评者称，他们看不到小米作为一家互联网公司的未来，也看不到小米有任何行之有效的思路。小米进入了千家万户人们的手中，靠的是薄利多销的方式。通常情况下，为获取新客户，互联网公司需要付出一定的成本。但对小米来说，客户成本为负。也就是说，如果把小米看成一家互联网公司，他们获取新用户非但不亏损，反而还盈利（详见第五章）。

撇开所谓的"现实检验"，公开上市一下子让不少人赚得盆满钵满。2018年6月，小米的董事会决定奖励雷军15亿美元的股票，以感谢他对公司做的贡献。

后来，雷军把这笔奖金捐给了慈善机构。在上市前给创始人丰厚的股票奖励，这种做法并不罕见。美国财经频道报道称："特斯拉和京东都奖励了创始人巨额的股票。"据报道，马努·杰恩持有 2 288 万股股票，约 4 200 万美元（约 2.8 亿人民币）。雨果·巴拉于 2017 年离开小米加入 Facebook，虽然已经离职，但仍保留了股票期权。巴拉被分配到 8 600 万股股票，预计上市后将获得 2.09 亿美元的收益。不过，最大的受益者也许是最初的 56 名员工，他们在 2010 年共计筹集了 1 100 万美元，创办了小米公司。彭博社曾报道了小米李伟星的故事。李伟星曾在微软担任工程师，后来成为小米的第 12 号员工，是最早一批投资小米的人之一。他用自己积攒的 50 万元人民币，投资共同创办了小米。李伟星知道，自己的积蓄不足以买房，所以决定投资这家初创企业。拿到李伟星的投资，雷军决定，不能只让李伟星一个人投资，其他员工如果有兴趣，不管资金多少，都可以投股。在这些"投资人"中，有些是从父母那里借钱的普通员工，还有一位接待员（第 14 号员工），抵上自己十几万的嫁妆，也入股了小米。小米上市，这 56 位最早的员工都幸运地成为百万富翁。谈到这一点,刘芹说:"雷军是创始人,他出得起所有的资金,但他为什么要和大家分享?他有远见,他可以树立起那个强大的信念,而人们愿意承担这么巨大的风险。"

第四章
密鲁特的火箭青年

2013年末,小米的高层正在制订公司的扩张计划。印度是小米考虑进军的新兴市场之一。印度是一个开放的市场,人口超10亿,并且大多数是年轻人。到2018年,印度将进入一个长达37年的人口红利期,劳动适龄人口将远超被抚养人口。尽管人口不如中国那么多,但印度有着庞大的群体,亟须廉价又高质量的手机。印度对小米来说是绝好的机会,小米手机将得以进入无数印度人的手中。当然,印度市场并非无人问津,韩国消费电子巨头三星自2007年起就在印度销售智能手机。MENS俱乐部的其他品牌(除三星外,还有摩托罗拉、爱立信和诺基亚)也在印度市场上销售非智能手机以及非安卓操作系统的智能手机。Micromax、Intex、Lava

和 Karbonn 等印度本土品牌（MILK，非正式缩写）从中国进口手机，也已经运营了相当长的时间。但小米认为，鉴于印度人口庞大，又是一个新兴市场，小米还是有机会在印度占得一席之地的。这便是小米最初的计划：从印度这块大蛋糕中分一杯羹。在随后的几年里，小米成功地为自己切了一块最大的蛋糕，不仅成为印度最大的智能手机销售商，还让印度成为继中国之后小米的第二大全球市场。小米凭借其低价高配的产品，成为印度健身手环和电视屏幕的第一大销售商。

小米于 2014 年 7 月正式进入印度市场。虽然小米在中国很成功，但在印度却是一个不知名的品牌。当时，位于古尔冈的 Micromax 是能与三星抗衡的最主要的印度企业，诺基亚、摩托罗拉、Lava 和 Karbonn 等其他品牌则紧随其后。当时的印度，共计有超过 300 个手机品牌，销售各式各样的手机。

Micromax 由企业家维卡斯·杰恩、拉胡尔·沙玛、苏米特·库马尔和拉杰什·阿加瓦尔于 2000 年创立，2008 年开始销售手机。2014 年至 2015 年，Micromax 的营业额接近 20 亿美元，得到了红杉资本的支持，是印度最大的手机公司。2014年上半年，Micromax甚至成为印度销量最大的手机品牌。

"Micromax首次超越了强大的韩国对手三星，成为印度最大的手机生产商，占有17%的市场份额。更重要的是，这家劲头十足的印度本土品牌，已经超越芬兰巨头诺基亚，成为领先的非智能手机品牌。另外两家印度公司——Karbonn和Lava，目前是排名前五的非智能手机制造商。Karbonn同时也是本季度第三大智能手机品牌。"

以上为福布斯印度基于2014年前两个季度发布的数据。三星市场份额紧随其后，约占14%，诺基亚、Karbonn和Lava分别为11%、9%和6%，其他品牌则占了剩下的43%。第二季度的报告还显示，功能手机的销量下降了16%，而智能手机的销量则增长了近68%。印度的智能手机时代即将降临，小米此时入场，时机再好不过。

在印度知名的电商网站Flipkart上，小米仅用几秒

小米

钟就卖出所有库存（1万台设备），引起轰动。但和其他已经在印度站稳脚跟的品牌相比，小米还远远算不上对手。此外，想要成功打入印度市场，小米还迫切地需要解决一个问题。和世界上很多人一样，印度人对中国产品的质量和品牌价值抱有极大的怀疑态度。雷军很早便明白，世界对"中国制造"的怀疑，会成为小米全球战略道路上的绊脚石。事实上，他也梦想着有一天，小米能以价格公道的优质产品，挽回中国的声誉。随着小米进入印度，他的愿景和战略也开始接受考验。在这场竞争中，另一个重要的国际品牌是三星。不过，三星是一家韩国公司，既没有中国"血统"，也没有中国标签。此外，三星在印度发展了足足18年，早已成为家喻户晓的品牌。三星早在1996年便在班加罗尔建立了研发部门，2003年开始在印度生产冰箱，2007年开始生产手机。2014年，印度的市场已经被三星、诺基亚和摩托罗拉所占领，而后两者正在慢慢淡出人们的视线，取而代之的是一大批蓬勃发展的印度本土品牌。和西方不同，苹果在印度并没有市场，因为印度市场对价格十分敏感。想要打入这样的印度市场，小米需要的是最顶尖的营销人才。但首先,小米必须恢复印度对中国品牌的信心。

如果说印度人不信任像小米这样的中国品牌,反过来,小米也对让印度员工自主经营感到担忧。因此一开始,小米计划在印度办事处只雇用5—10个人,仅负责监督和推动销售,而中方员工则委以重任,负责决策层面的工作。作为小米全球副总裁,巴拉对进军印度当然得全程盯梢,但除此之外,小米还需要人来负责领导印度的日常营业。这时,马努·杰恩,这位当时还并不知名的创业人员正式登场。杰恩是小米在印度的第一位员工,一开始只在自己的公寓里工作。后来,他转移阵地,开始在一家咖啡厅里办公,再后来则是一个小小的6人办公室。2018年4月,小米搬进了位于班加罗尔的17 000平方米的豪华办公室,有超过750个座位。如果当时有人问他,十年后会在哪里办公,杰恩恐怕大概率会答错,因为没有人猜得到,小米未来会取得如此之大的成功。

在采访中,杰恩回忆起最初小米在印度的日子,对来自阿塞尔风投公司的阿南德·丹尼尔说道:"还挺尴尬的。有时候，有人上门和我谈 1 亿卢比的项目，问我，你们的团队呢？我就会说，我就是印度的负责人，我就是团队，没有别人了。我会自己给他们倒咖啡，自己开门，什么都得我自己来。"

从很多方面来看，杰恩都不是一个典型的领导者。当时，印度的手机公司都由一些经验丰富的业内人士领导，如 Karbonn 的总经理普拉迪普·杰恩，在业内拥有 20 多年的从业经验，以及 2000 年作为 Micromax 共同创始人的拉胡尔·沙玛。沙玛等四人创立的 Micromax 经营很多产品，从 IT 周边产品到电信设备，覆盖面非常广，规模上也绝非小打小闹。与这些人相比，杰恩完全是一个新手。由于之前职业的原因，杰恩并没有像普拉迪普或沙玛那样，亲身体会过印度快速发展的电信行业。从固化通信，到非智能手机，再到现在的智能手机，印度的电信行业已经发生了翻天覆地的变化。

当时 33 岁的杰恩在电信方面毫无经验可言。但他之前曾与人合伙创办过 Jabong。Jabong 与 Flipkart 类似，也是一家印度领先的电商平台。因此，杰恩对印度新兴的电商市场有着深刻的洞察。同时，来自密鲁特的杰恩还具有印度顶级大学——印度理工学院的工程学位和印度管理学院的管理学学位，因此正是小米需要的人才。

在手机行业的高管中，杰恩算得上是一股清流。TechPP 的杜贝在 2015 年的一篇报道中写道：

"和巴拉一样，杰恩也十分平易近人，时刻散发着自己的魅力。这种魅力来源于他的笑声。我记得我和他谈论过小米与印度空军的争议（据称当时印度空军分发了一份备忘录，要求其工作人员不要使用小米手机），让我印象最深的是他冷静的态度，他似乎不慌不忙。他的冷静并不冷酷，反而让人觉得温暖。"

当被问及如何看待杰恩时，一位前雇员说："如果说巴拉技术上更像乔布斯，那么杰恩在商业头脑上则很像蒂姆·库克。"为了写这本书，我和杰恩在 2019 年 11 月见了一次面。他问了我几个关于出版的问题，并承诺会考虑花更多的时间接受采访。不过，最终采访还是没做成，所以这一章是根据对现任和前任员工的采访，以及公开的信息来源整理而成的。

小米

印度电子商务公司 Jabong 教会了他什么

杰恩出生于一个商人家庭,在密鲁特长大。密鲁特是一个繁华的城市,距离印度首都新德里有几个小时的车程。杰恩大部分的亲属都住在同一个社区,由他曾祖父早年在此建立。他称自己是一位"平庸的学生",但这是他的谦虚。进入印度理工学院,然后进入印度管理学院,至少从传统意义上来说,这不是"平庸的学生"能完成的事情。

毕业后,他于2003年搬到班加罗尔,在一家名为TechSpan的创业公司就职。几年后,他辞去了这份工作,进入印度管理学院学习管理学。在这里他遇到了他未来的妻子米努,完成课程后,入职知名咨询公司麦肯锡。

在麦肯锡担任了五年的项目经理后,杰恩于2011年创办了Jabong,开始投身电商世界。Jabong是一家印度本土的电子商务公司。曾经在印度管理学院的同学普拉文·辛哈,说服杰恩与他共同创业,一起创办了受火箭互联网支持的Jabong。当时,印度的初创企业逐渐开始吸引资金、人才，引起关注，但要人们在网上购买时尚产品，仍然显得不太实际。尤其是时尚产品往往得亲手摸了才知道。但最后，辛哈还是成功了，而杰恩则成为联合创始人。

2012 年，《经济学人》报道称："Jabong 销售额达 1 亿至 1.5 亿美元"。对于一家刚刚入行的公司来说，这个数字令人惊叹。就在三年前，整个印度的电商市场规模也才 39 亿美元。截至 2011 年，这一数字已增加到 63 亿美元，2013 年则增长至 140 亿美元。但是，尽管电商销售额在短短三年内有了巨大的增长，但印度仍然主要以线下销售为主，电商仅占印度 6 500 亿美元零售市场的 2% 左右。在线销售无疑是一项重要的发展，因此杰恩开始严肃考虑印度互联网企业的前景。他注意到，60% 至 70% 的 Jabong 消费者都使用手机进行网上购物，手机屏幕不过两到三寸。这给杰恩带来了很大的启发，因为 Jabong 的在线平台最初仅设计用于 PC 系统。还记得雷军在 2008 年曾预言，未来十年将是移动互联网的时代吗？回到 2012 年，在运营 Jabong 平台的过程中，杰恩也意识到，印度的互联网时代已经来临。在当时，只有少数人真正看到了这一点。杰恩后来也回忆道："那是我个人的转折点。"

　　移动互联网在印度开始飞速发展。根据印度互联网和手机协会的报告，2009 年只有约 7 100 万印度人声称使用过互联网，其中只有约 5 200 万是活跃用户，每月至少使用一次互联网。知名互联网分析师玛丽·米克尔在 2012 年的一份报告中称，2008 年至 2012 年，印度有 8 800 万互联网用户。但到 2012 年末，互联网用户增长了 26%，达到近 1.37 亿人，约占印度总人口的 11%。当时，只有中国和美国的互联网用户数量领先于印度。当时的印度只有大约 4 400 万智能手机用户，占印度手机用户总数的 4%，这意味着印度的智能手机市场有着巨大的增长空间。

　　2013 年，杰恩浏览到一个中文博客，开始认识小米。小米有两点立即吸引了他。首先，绝大多数科技公司都只专注于硬件或软件，但小米同时致力于这两个方面。其次，小米此前从未花钱进行过营销和销售推广，几乎完全依靠口碑进行宣传，以及开展在线业务。在印度，初创企业往往在营销上花费巨大，小米特立独行的营销

第四章 密鲁特的火箭青年

理念,让来自印度的杰恩感到既惊讶又好奇。在接下来的几天里,他向他的朋友和顾问纳温·特瓦里求助,介绍自己和小米总裁林斌取得了联系。特瓦里是移动广告公司 InMobi 的创始人,和杰恩一样,都是印度理工学院的校友。特瓦里后来也入职了麦肯锡,不过和杰恩不是同时期的员工。虽然比杰恩入职晚些,但特瓦里就像杰恩的兄长一样,一直为他的职业提供指导。特瓦里的 InMobi 公司成立于 2007 年,专门从事手机广告业务。也正因为如此,他与世界各地的主要手机制造商都保持着密切联系。InMobi 是第一家获得软银融资的印度企业(2011 年融资 2 亿美元),特瓦里也被视为顶级企业家。由于特瓦里的技术过硬,杰恩没费多大劲便认识了林斌。与雷军不同,林斌可以用英语交流,因此在接下来的一年半里,两人通过电子邮件和电话建立了牢固的关系,交流中印两国科技市场的情况。2013 年底,杰恩决定离开 Jabong,开启了小米的旅程。

当时,Jabong 表现良好,已经占据了印度在线时尚零售市场 25% 的份额。按理来说,杰恩应当很不愿意退出这样一家企业。但是,杰恩仿佛已经预见到了

小米

印度电商领域即将到来的腥风血雨，毅然决然决定跳槽，哪怕 Jabong 眼下形势一片大好。事后看来，人们只能佩服杰恩的直觉，因为在他辞职后不久，Jabong 便开始走下坡路。资金的寒冬中，几十家电商公司处境艰难，不少公司纷纷破产。2014 年 5 月，Flipkart 以 2.8 亿美元的价格收购了另一家大型在线时尚零售平台 Myntra。这是印度电商行业的大新闻，所有的目光都瞄向了 Jabong，好奇这家 Flipkart 的竞争对手究竟会怎么做。2014 年 11 月，《商业标准报》报道称，亚马逊正在考虑以 12 亿美元的价格收购 Jabong，以"对抗 Flipkart 的行动"。但最终，亚马逊的收购并未落地。与此同时，一直与 Myntra 保持良性竞争的 Jabong，却在 Flipkart 的收购后，越来越难以为继。一直在背后支持 Jabong 的火箭互联网，也对印度市场越来越保守。由于 Flipkart 投注大量资金，提升 Myntra 的销量，Jabong 已经无力再迎战这一昔日的老对手。随着 Jabong 业绩的下滑，以及和亚马逊交易的失败，Jabong 的市值开始急剧下降。一度，Flipkart 提议以 2.5 亿美元收购 Jabong，但和之前一样，这次收购也未落地。

第四章 密鲁特的火箭青年

2015年9月,另外两位联合创始人、杰恩的前商业伙伴普拉文·辛哈和阿伦·钱德拉·莫汉退出Jabong。因为在2014年财报中,Jabong出现了45.4亿卢比的严重亏损。最终,Flipkart在2016年确实收购了Jabong,但价格只有区区7 000万美元。2020年2月,Flipkart关闭了Jabong,专注运营Myntra。的确,在起初尝遍了所有甜头后,Jabong并没有在一声巨响中结束,而是在一声呜咽中缓缓走向终结。杰恩在那时退出,可以说再好不过。

2013年底,杰恩退出Jabong,与此同时,小米的高层正忙着制订全球扩张计划。巴拉主持讨论了小米逐步进军全球的步骤。印度作为一个重要的新兴市场,成为小米的首要选择。由于林斌与杰恩近期一直保持通信,杰恩本身又对印度新兴电商市场十分了解,杰恩自然而然地成为小米进军印度市场的首要人选。

那时,虽然未曾谋面,但林斌和杰恩认识也已经有一年了。不过很快,两人便约了见面,一起喝咖啡。在小米高层实地考察印度时,杰恩与他们会面,并很快被小米的愿景所吸引。2014年5月,杰恩入职小米。

他后来回忆说,他的大多数朋友和其他行业的专家都不鼓励他加入小米。他们不鼓励是有原因的。2014年,印度电商市场仅占整个消费市场的6%,小米想纯粹利用在线销售以及口碑传播,听起来似乎行不通。即使是杰恩自己的公司Jabong,也在营销和推广上花了大价钱。2014年,《经济时报》报道了印度电商公司斥巨资在电视上打广告的情况。报道称:"就在几年前,它们(电商企业)可能还在车库或家庭办公室,以微薄的预算运作。但近几个月,包括Flipkart、Jabong和Quikr在内的几家印度电商公司,已经成为电视广告的大客户"。2010—2011年,这些公司在传统广告上的花费不超过100万卢比,但到2014年,广告费用已经增长到2.5亿至7.5亿卢比。理由也非常简单:在印度这样一个以线下人口为主的国家,传统印刷和视听媒体上的广告更有效,更适合用来推广网上购物。因此,杰恩选择了小米,在很多人看来是职业自杀。2019年,杰恩在一次采访中说:"事实上,有些人告诉我,这会是我这辈子犯的最大的错。在别人知道我入职这家公司之前,赶紧离开!"小米"0元试用"的策略从未在中国以外的地区受到过检验。

并非昙花一现

杰恩于2014年5月入职小米在印度的公司，担任总经理，当时距离小米在印度正式上市仅剩几个月。这是自2013年10月聘请巴拉以来，小米历史上第二次"重要的国际招聘"。2014年6月11日，《经济时报》的报道称："中国的小米聘请Jabong的联合创始人马努·杰恩负责印度业务"。这条新闻很快在Facebook上得到了约1万个赞。这表明，即使没有传统的广告，小米也可以在很短的时间内收获粉丝。基于这一粉丝互动的数据，小米决定从中国往印度发货1万部手机。逻辑很简单：如果这1万名点赞的粉丝每人买一部手机，杰恩的团队就能把所有手机都卖出去。

在进入印度市场的前几个月，小米其实一直举棋未定。但是，当时Flipkart正在寻找手机合作伙伴，准备签约独家交易，扩大销量。Flipkart的创始人萨钦·班萨尔和宾尼·班萨尔曾来过中国与小米洽谈。米希尔·达

小米

拉尔在 2019 年出版的《十亿美元创业公司：Flipkart 不为人知的故事》一书中写道：

"其实，班萨尔去中国原本是为了和小米确定合作伙伴关系。Flipkart 的销售团队一直向小米的高管展开攻势，敦促他们签署独家合作协议。此前，Moto G 手机取得的巨大成功，让商家们都对 Flipkart 刮目相看。之前拒绝了 Flipkart 邀请的一些品牌都纷纷找上门来，想要重新签署独家合作协议。但对 Flipkart 来说，小米的优先度是最高的，因为 Flipkart 坚信，印度消费者会对小米手机着迷。"

终于，双方的创始人经过数次会面后，2014 年 7 月，小米与 Flipkart 签署了合作协议。

小米选择用小米 3 机型展露拳脚。结果，全部库存在 5 秒内销售一空，在印度消费者中轰动一时。

《经济时报》报道称："Flipkart 官方表示，周二下午两点，发售开始的时候，Flipkart 的访问量比此前访问量最大的时候还要高出 4 倍。"

小米与Flipkart合作的闪电销售在印度电商史上可谓前所未有。摩托罗拉之前也做过类似的营销，但没有谁可以像小米那样，几秒钟内卖出1万部手机。Flipkart的网站崩溃了，但Flipkart彻底改变了印度手机零售市场的风向。从那以后，闪电销售开始流行起来，Flipkart、亚马逊和Snapde也开始了长达数年的独家代理之争。对电商企业来说，手机销售成了提高销量的有效手段，平台开始争夺各个手机品牌的独家销售权利。

在发售开始前，小米的印度团队给一大群科技博主、YouTube网友以及记者免费发了一些小米手机，希望起到宣传的作用。几乎每个拿到手机的人都对小米手机有很好的评价。小米3是那轮发售中唯一的机型，考虑到印度市场对价格比较敏感，发售价格适中，仅为13 999卢比（约1 200元人民币）。当时，其他同类设备的价格高达25 000卢比以上（约2 100人民币）。这款手机价格合适，加上博主们广泛好评，因此发售时制造了不小的轰动。顶级科技博主兰吉特·库玛尔对小米3的评价如下：

小米

"如果考虑性价比的话,这款小米 3 可以说是无敌了。目前没有任何安卓手机可以在性价比上与之抗衡。不过话又说回来,小米毕竟刚刚进入印度市场,所以我得提醒大家,小米的售后中心可能不多。小米后续会怎么样,只有时间能给出答案了。"

小米的成功发售还给 Flipkart 带来了不少流量。在这轮闪购中,约有 50 万人注册了账号,但手机的库存却只有 1 万部。换句话说,这一次的发售可以说是灾难性的。Flipkart 做足了准备,预料到了访问量会激增,但尽管如此,网站在销售过程中还是崩溃了,让成千上万的粉丝恼怒不已。第一轮的销售时间为 2014 年 7 月 22 日,第二天,杰恩告诉记者,"我们低估了小米的需求,现在正在加紧措施,尽快补充货源"。为了安抚广大消费者,杰恩承诺一周后再次开启新一轮的发售。毫无疑问,小米的饥饿营销策略虽然饱受争议,但其价格低廉,组合起来,还是取得了巨大的成功。

在第二轮发售中,Flipkart 不再心存侥幸,一周内翻新了平台。在《闪亮》一书中,作者拉什米·班萨尔

讲述了杰恩的故事,形象地讲述了这一次的闪购。拉米什写道:

"发售当天,马努·杰恩与萨钦·班萨尔(Flipkart的共同创始人和当时的CEO)一起在办公室,倒数着时间。下午2点整,杰恩按下了'立即购买'的按钮,屏幕却显示'无货'。我的天,网站又崩溃了?太失望了!但随后,Flipkart团队立刻宣布了好消息:'你的1万件库存2秒内就卖光了!'"

2秒内卖出1万件,需求量的激增让小米决定包机往印度发货。

同时,小米决定在后端加强生产,提高供应,满足印度市场的巨大需求。在又一次的闪购中,小米的产品再度瞬时被抢购一空。小米在印度得到了粉丝们空前的响应,杰恩评价道:"我们对这样的数据感到惊喜,闪购期间,共计有25万客户在线。"杰恩与小米的野心也越来越大。现在的计划是每周销售1万部手机。几个月后,目标就是每周销售10万部手机。

小米

不过，人们不知道的是，几个月后，小米的成功入场将在尴尬中截止。2014年冬，小米遭到诉讼，困境比想象中更早来临。瑞典电信巨头爱立信于12月在德里高等法院对小米提起诉讼，指控其8项专利侵权行为，要求小米立即停止在印度销售手机。多年以来，在小米进入新市场、面临新对手的过程中，缺少专利一直是小米的软肋。在这一案件中，爱立信称小米使用了联发科的芯片组，但没有提交许可费。德里高等法院对此案进行了仲裁，要求小米"从在印度发售之日起至2015年1月5日，为其进口到印度的每台设备存入100卢比的专利费用。在案件审理过程中，该款项将以定期存款的方式保存3个月"。一时间，小米被禁止在印度销售产品。不过，小米很快就对禁令提出上诉，表示小米还售有使用高通公司芯片组的手机，而高通公司已经从爱立信获得了技术许可。2014年12月16日，法院裁定，允许小米销售使用高通芯片的设备。于是，在诉讼带来的短暂挫折后，小米迅速恢复了在印度的运营，计划向日益增多的印度粉丝提供更多的机型。同时，小米官方决定加强专利建设，但总的来看，爱立信发起的诉讼也让人们意识到，小米公司是有底子的，能够面对未来的挑战。2019年，爱立信和小米签署了一份全球专利许可协议，此事得以平息。

除了爱立信的诉讼，小米在印度还面临着其他障碍。2014年10月，《金融快报》爆料称，应"停止使用小米"。据称，小米设备会将数据传输回中国的服务器。如果这样的指控为真，对印度的国家安全来说将是巨大的漏洞，对小米也会是巨大的打击。报道进一步称："知名安全解决方案公司F-secure最近对小米红米1s（小米的低价智能手机）进行了测试，发现这款手机会将运营商名称、电话号码、IMEI（设备识别码）以及通讯录和短信转发回北京。"对此，巴拉澄清说："小米手机偶尔发送到中国服务器的数据和小米的云服务有关。这些服务是可选的，用户可以自行关闭。"

尽管巴拉做了保证，但印度军方还是对小米的产品予以抵制，给小米品牌带来了影响。更重要的是，这一事件让印度消费者对小米的产品开始有了戒心。在"2秒闪电售罄"的3个月后，小米又回到起点，重新开始打造自身在印度市场的声誉。

小米

从印度销售到印度制造

当时,小米印度的办公室还只是班加罗尔的一间小工作间,一共有六名员工,包括总经理杰恩自己。为了挽回小米的形象,并与粉丝和用户建立更紧密的联系,杰恩做了两个关键的决定。首先,杰恩积极地把小米与政府推出的"印度制造"运动相联系。其次,为了更好地和客户联系,杰恩开始直接参与小米粉丝的社区推广活动。两项行动都对小米产生了重要的影响。

2014年9月印度政府发起了"印度制造"运动,目的是吸引投资,鼓励跨国企业在印度办厂生产,同时创造更多的就业岗位。印度每个月有近百万人达到15岁的就业年龄,创造就业岗位是政府工作的重中之重。这也是小米挽回声誉的良机,杰恩也迅速采取了行动。很快,他开始频繁前往印度首都新德里,与有关部长开会。到2015年2月,杰恩已经开始商讨在印度开办小米的第一家工厂。对两边来说,这都是成功的一大步。在2014年大选中以压倒性胜利当选的印度人民党,正

第四章 密鲁特的火箭青年

指望着"印度制造"计划能够创造就业机会，吸引外资。而让一家成功的中国初创企业在印度设厂，无疑是一项非常拿得出手的政绩，因此受到了人民党政府的热情欢迎。同时，小米也知道，政府给予的支持，会给自己莫大的帮助，不仅能重获人民的好感，还能扩大印度市场，赚得更多。

小米是第一家响应"印度制造"计划，在印度本土办厂组装智能手机的品牌。不过，它并不是唯一一个响应号召的品牌。2015年6月，《印度快报》评论称，"印度制造"计划与其说是为了爱国，不如说是为了发展经济。一时间，很多国内外的智能手机制造商都响应莫迪的号召，开始在印度建厂。除小米外，印度本土品牌Micromax和Lava，中国品牌OPPO，甚至韩国电子巨头三星也开始在印度设立生产基地。相比于将成品进口到印度，在印度组装产品经济上更为划算。这是因为，一部智能手机需要缴纳约12.5%的关税，但其零部件的进口税率仅为1%。《印度快报》解释称："手机制造商都想利用关税上的这一'漏洞'，所以在印度建厂生产显然更合理。"进口组装的零部件越多，企业的利润就越高。这种给予企业"生产奖励"的政策，的确大幅改善了印度的电子制造生态。印度政府表示，2015—2020年，印度共建立了200多个手机制造单位，共计生产了3.3亿台设备，价值超300亿美元。

2015年4月底，雷军在小米4i智能手机的发布会上来到印度。这是小米第一次率先在印度发布新机。那时，小米在印度的团队还很小。雷军花了很多时间与员工制定下一步战略。但此行他也想亲身体验一下印度市场，更好地了解印度的消费者想要什么。于是，他开始参观集市和商场，亲身观察印度消费者，思考他们的消费行为。离开前，雷军对印度办事处的高管们提了一个非同一般的建议：雇用小米粉丝做小米的员工。雷军一直想办一家很"酷"的公司，所以希望用户不止停留于消费者而已。粉丝对公司的产品有真正的热情，会衷心热爱公司的品牌。对雷军来说，把这种能量释放到小米的日常运营，是非常有意义的。如果一个人能在自己最喜欢的公司上班，比起一般员工，他们完成工作的动力就更强。小米在印度的第4位员工叫罗希特·加尔萨西，他原本是一位"米粉"，在小米手机进入印度之前就有一个小米粉丝团体。加尔萨西20岁左右便开始在小米工作，6年以来，一直没离开这个岗位。

早在2015年，印度工业投资大亨拉坦·塔塔投资小米，验证了小米在印度战略的正确性。2015年，雷军来到印度，官宣了塔塔的个人投资："塔塔先生是全球最受尊敬的商界领袖之一，他的投资是对小米迄今为止在印度所采取的策略的肯定。"

2015年8月，小米宣布在安得拉邦的斯里城开设第一家制造厂。斯里城是一个新开发的工业乡镇，这片经济特区占地1 089公顷，位于安得拉邦边境，距金奈仅65千米。斯里城直到2007年才开始开发，已经有来自27个国家的165家公司入驻，包括家乐氏、高露洁、富士康和百事公司等。定价6 999卢比的红米2，将成为第一款在此组装的机型。在维萨卡帕特南的发布会上，作为嘉宾的首席部长钱德拉巴布·奈杜说：

"我们对小米这样的年轻领军企业非常有信心。这些新生代公司和企业家们,将是安得拉邦和印度成功的关键。我们很高兴与小米合作。小米在印度设立了他们的第一家工厂,积极响应了"印度制造"计划。我们相信,我们的伙伴关系将为安得拉邦的年轻人带来新的机遇,安得拉邦也必将发展出世界级的电子制造生态。"

出席会议的还有巴拉,他说:

"我们与钱德拉巴布的对话始于中国。而现在,我们来到了这里。我们原以为需要两年才能完成的事,6个月内便完成了。小米在印度的生产,可以说'恰逢其时'。将来,印度销售的每款小米手机,都将生产于印度。印度当前的发展令人惊叹,互联网革命……我们很自豪能够踏上'印度制造'计划的前浪。"

2019年底,小米表示,在印度销售的近99%的手机均为"印度制造"。小米曾与中国台湾制造业巨头富士康和伟创力合作。虽然听起来很厉害,但准确来说,其中65%的部件都来自印度,并且均由印度的工厂组装完成。小米约 85% 的电视和所有的充电宝都是在印度制造的。一举创造 3 万就业岗位，这无疑可以视作"印度制造"计划的胜利。

一直以来，小米都提倡价格竞争。随着斯里城的生产设施开始运营，小米手机的价格有望降得更低，因为本土生产的成本更低，库存也便于快速补充，而价格更低则意味着销量更大。随着销量开始成倍增长，印度逐渐发展为了小米的全球第二大市场。

小米 2015 年曾为自己定位的那片市场很快开始扩大。2016 年，小米已经成为印度智能手机市场上的一个重要品牌。在印度发售后仅仅两年，小米的营收便达到了 10 亿美元。杰恩也借机在 Facebook 上与粉丝们分享了这一喜讯："据我们所知，我们是第一家能在如此之短的时间内，销售额突破 10 亿美元的企业。"

然而，小米还取得了更多其他的成就。2016 年，新德里电视台称，小米在印度的智能手机销量超过 200 万部，成为印度的三大智能手机品牌之一，自 2015 年年增长率超 150%。此外，人气颇高的红米 Note 3 在短短 6 个月内售出 230 万部，"让小米智能手机成为全印度网络销售出货量最大的设备"。另外，杰恩还宣布："小米的红米 3S（包括红米 3S Prime）以及红米 Note 3 分别是 Flipkart 的'10 亿美元日（Big Billion Day）'以及亚马逊的'印度大减价（Great Indian Sale）'期间最畅销的设备。"的确，小米不再只通过 Flipkart 销售，同时也在亚马逊和 Snapdeal 平台开展促销。小米官网的流量也大幅增长。总的来说，小米的网上销售渠道覆盖十分全面，而且在传统广告上花的钱很少。不过，即使是在上升期，杰恩也在一直努力与印度政府搞好关系。2017 年，雷军再一次来到印度，会见了印度总理莫迪，并赠送了一块包含红米 Note 3 组件的牌匾。这是一款小米在印度制造的手机。2020 年，当中印两国紧张局势升级时，杰恩此时为搞好关系而付出的努力，将会得到回报。

线上销售很好，但何必放弃线下

不难看出，小米的销售策略取得了巨大的成功。然而，尽管在电商层面尝到了甜头，但对大多数印度人来说，小米仍是一个晦涩、不知名的品牌。印度有近三分之二的人口是不上网的。从 2015 年末到 2016 年，印度的电商总体情况也出现了放缓的征兆。为了进一步扩大市场，接触到线下消费者，2017 年初，小米决定进军印度的线下市场。也就是说，小米要开始在乡镇和二线城市租赁销售门店，这样一来，无法上网的印度消费者们才能在线下分店购买小米的产品。为此，杰恩联系了班加罗尔商场的一位经理，预订了一家门店，算是初创。杰恩原以为预订门店要不了多久，但商场的经理却有不同的想法。在 2019 年 9 月的一期由阿塞尔主持的《财富洞察》播客中，杰恩向听众讲述了这个故事：商场经理否决了杰恩按自己喜好想租的铺位（大展厅，最好是在商场一层），因为经理坚信，小米在线上的成功无法在线下复刻。杰恩不得不听从经理的建议，很不情愿地租了另一间铺位。因此，虽然一开始设想得很宏大，最后还是只在班加罗尔的凤凰城购物中心，租了一间不过 600 平方米的地下室门店，而这正是小米在印度的第一家线下门店。商场经理说，开业那天，要是能来上 100 个人，就很了不得了。不过，杰恩不想让小米的线下计划在这样

小米

一家门店上吃瘪,他做了件不同寻常的事情。为了吸引顾客,小米的新机型红米4和发布会,与新门店的开业设置在了同一天。其实,在线下门店开业的前一天,这款新机型便已经可以在网上买到了。2017年5月20日,发售日当天,门店现场约有1万人到场,都是奔着发布会去的。很多人长途跋涉,从外地赶来。其中便包括一个从古吉拉特邦来的人,大老远带着大把现金,一口气买了20部手机!开业当天,在这个600平方米的门店里,小米共计售出100万美元的商品,证明了小米可以把线下做得和线上一样好。不久,印度全境陆陆续续开了约6 000家门店,其中大多数门店在头五六个月便开始盈利。进军线下的策略很好地迎合了二线城市的消费者,因为正赶上了这一群体的消费者过渡到智能手机的阶段。

第四章 密鲁特的火箭青年

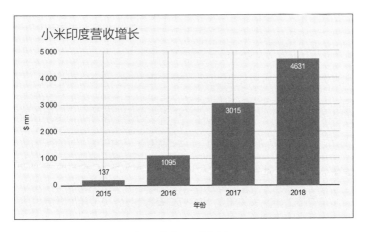

来源：印度公司事务部。

随着线下经营风生水起，小米开始想办法从线下门店获取更多利润。小米开始与很多印度本地零售商合作，以扩大小米在小城镇的购买率。根据印度科技网站 FactorDaily 报道："小米再一次直接面向零售商，省去了中间的分销环节。目前，小米在 40 座城市在售，合作伙伴超 4 000 家。同年（2017 年），小米还与大零售品牌 Sangeeta、Poorvika、Croma 和信实数码等开展合作。"截至 2017 年底，"小米在印度 25% 的销售额均来自十几个城市的线下销售"。此外，在一线城市，小米均设有展厅，即所谓的"小米之家"，专门销售小米的产品，包括充电宝、空气净化器等。小米还计划将来在小城市也继续开设更多的"小米之家"。截至2019年底，小米印度预计50%的营收均来自线下。目前，小米在印度开设有2 500家小米专卖店，75家"小米之家"，以及20家小米工作室。小米在印度共有超7 000家合作伙伴门店。

这时，北京总部对小米在印度的分公司的管理已经松了很多，印度团队可以很自由地处理一些日常决策。这很大程度上是因为红米系列手机的引入。红米系列手机的定价策略极其优秀，价格从5 499卢比到28 999卢比不等，正中很多不同收入区间消费者的下怀。不过，北京的高层们还是会定期到班加罗尔探访。实际上，在2017年初离职前，巴拉在班加罗尔待了很长时间，还曾戏称这里是他的第二个家。随着巴拉离职，杰恩升任小米全球副总裁，他继续聚焦印度市场。随着时间推移，杰恩的职责范围慢慢扩大到了南亚的其他地区。2018年1月，杰恩开始担任整个南亚次大陆的总经理，负责区域包括印度、孟加拉国、斯里兰卡、尼泊尔和不丹，并且职责区域仍在不断扩大。

第四章 密鲁特的火箭青年

2018 年,杰恩已经 37 岁。在小米的四年里,他的职责范围从印度一路扩大到了整个南亚。杰恩的同事们,包括小米的一些前员工,都认同杰恩是一个有动力、有抱负的人,学起东西来,永远孜孜不倦。"他的社交能力极强,总能权衡好复杂的人际关系。"除了广受同事好评外,2018 年小米印度的营收也表明,公司正运转良好。2019 年,小米账上营收达 3 542.7 亿卢比(约 50 亿美元),年增长 54%。小米取得了现象级的增长,并且势头不减。2017 年第 4 季度,小米市场份额超过三星,成为印度最大的手机品牌。科技媒体 TechCrunch 写道:"两家数据机构(Canalys 和 Counterpoint)的数据都表明,小米在 2017 年第四季度的营收已经超越三星。Canalys 的数据是 27% 对 25%,Counterpoint 的数据是 25% 对 23%。"

在成功的道路上,杰恩和他的印度团队还完成了一项前所未有的壮举:一天之内在印度农村地区开设 500 家零售门店,创下了 24 小时内开设门店最多的吉尼斯纪录。杰恩出席了吉尼斯的颁奖仪式,光芒笼罩下,杰恩向记者表示,小米计划在 2019 年底之前,再开设

5 000家线下门店,这将给农村地区创造超过15 000个就业岗位。当然,没人能料到,新冠肺炎疫情的到来,打乱了杰恩的计划。

在小米的官方网站上,你可以很清楚地在无数张中国人的面孔中发现马努·杰恩这张印度人的面孔。对一个普通人来说,这可能算不上什么。但如果你了解小米在印度取得的巨大成功,你就会明白,杰恩能够出现在这张网页上,有多么不容易。从对抗针对中国产品的偏见,到把小米打造为最受印度人民喜爱的手机品牌,再到为印度创造无数的就业岗位,小米在印度的故事可谓令人惊叹。来自密鲁特,出身平凡商人家庭的他,现在正站在智能手机革命的前沿,共同执掌着一家最具颠覆性的企业。

第五章

粉丝的力量

在创办小米的几年前，雷军曾有一个简单的梦想：他想创办一家很酷的公司。小米的企业愿景是"与用户做朋友，做粉丝心目中最酷的公司"。一改中国廉价产品和廉价劳动力的形象，当然也是雷军计划的一部分。但是，从根本上来说，雷军曾设想的是一家依托友谊而建立的公司。在一张照片上，雷军、林斌和黎万强等一众小米创始人一起喝着一锅热气腾腾的小米粥，这便是他们友谊的象征。虽然光线昏暗，像素低，这张照片却清楚地表明，这群人首先是朋友，然后才是商业伙伴。友谊的重要性同样也体现在小米的用户上，雷军和他的伙伴们一直都坚持要与用户做朋友。比如，在好几次开设了新门店后，小米的员工都会与粉丝们喝小米粥，共同庆祝。这可不是什么营销上的"花把戏"。从创立的第一天开始,小米就把用户放在第一位,努力理解用户,尽力"宠粉"。小米成功的因素有很多,从低价到低利润,小米几乎勾选了企业成功要诀的所有选项。但是,归根结底,如果说小米有什么与众不同的地方,那便是它的用户模式。

小米以前常被叫作苹果的"山寨版",但是,这种见解显得无知。当然,小米的确从苹果身上借用了一部分审美因素。小米公司有一条默认的规定:把小米的产品放在 iPhone 旁边,小米手机绝不能在审美上显得违和。但其实,小米与苹果的运营理念完全不同。苹果的设计过程是自上而下的,但小米的设计过程却完全是自下而上的。小米想要实现的是"万众创新",因此愿意倾听最底层用户的声音。小米深刻地听取用户的意见,因此获得了独特的竞争优势。回顾小米的十年,我们可以清楚地看到,小米成功背后的秘诀,便是它的用户。

与用户做朋友的想法并非凭空而出。我们都知道,很多公司都喜欢自诩是"快乐的大家庭"。但是,小米从不把员工或是用户比作"家人"。背后的逻辑很简单:家人是天生的,但朋友却是自己选的。通过努力与员工和用户做朋友,小米释放了一个深刻的信号:小米要建立的商业模式是人们自主选择品牌,而不是其他任何方式。这种理念,让小米在原本就拥挤不堪的市场中,取得了成功。2010年,小米诞生之初,中国的手机市场已经开始迅速发展,智能手机总销量达3 000万部。当时的诺基亚仍然占据手机市场的半壁江山,市场份额达50.3%。HTC的市场份额为9.8%,三星为9.2%,摩托罗拉为8.4%,苹果为6.1%,剩余的16.2%由黑莓、LG和联想等品牌共享。那时候,中国最大的私营企业华为,原本还是一家电信设备制造商,也开始大跨步地研发智能手机。尽管华为早在2003年就成立了手机部门,但它的首部安卓手机直到2009年的世界手机大会才亮相。

正如我们所知,诺基亚和摩托罗拉此时正逐渐式微,因为非智能手机的时代正在远去,智能手机正逐渐成为主流。而美国本土发布后一年便出现在中国的苹果,对中国的中产阶级来说还是较昂贵又陌生的物品。在所有的这些品牌中，占据区区 9.2% 市场份额的韩国巨头三星，则即将迎来几年的指数级增长，成为中国乃至全世界的手机大亨。之后，随着中国人越来越富裕，苹果也将席卷整个中国。

　　三星的商业模式体现在制造"超越用户想象"的产品。2012 年，三星公司的网站主页写道："三星电子就像是改变生活潮流的创造者。三星的功能和设计能以激情和创意的体验改变我们的生活，让我们体会到前所未有的感受。与三星电子一道，我们找到了生活的新方式。"这段话清楚地表明，三星追求前沿，生产的产品极具未来感。小米问世的时候，则把这种理念完全颠倒了过来。在《参与感：小米口碑营销内部手册》一书中，小米的联合创始人黎万强写道："我们不是要把自己的理念灌输给消费者，而是要渗透进消费者的意识中，理解他们在想什么。"这本书起初用中文撰写，后来被翻译成英文。相比之下，三星发布新产品，想做的是在用户的脑海中植入他们的新想法，小米则是想从消费者的脑海中获取灵感，开发出符合他们需求的产品。小米将用户的需求摆在了产品研发的首位，想方设法在产品中融入用户的理念。

常有人担忧,消费者中很多都是商家的营销工具,而小米这种基于粉丝的营销方式。在《营销4.0——从传统到数字》一书中,营销专家菲利普·科特勒指出,当今消费者的行为模式正在发生变化。"消费者对商家们的营销戒心越来越重,并且越来越依赖所谓的F因素:家庭(family)、朋友(friends)以及粉丝(fans and followers)。最终,与传统消费模式相比,当前的消费者社会性变得越来越强,他们在社交圈花的时间越来越多,也越来越依赖社交圈来进行决策。他们会同时向线上和线下两方面征求建议。"

和以前不同,听取用户意见在今天的商业模式中已经变得越来越重要。诺基亚的发展历程,便是一个很好的例子。2010年,在微软前高管史蒂芬·埃洛普的带领下,诺基亚决定终止更新塞班系统,全面使用微软系统。这一决议,便是对自身用户的严重误读。埃洛普后来告诉记者,做这个决策有很多原因。他担心安卓系统会被某些手机品牌垄断,并且使用微软系统也利于与电信运营商沟通,他也信任微软有能力开发出比肩iOS

和安卓的手机系统。然而，诺基亚此举伤透了很多铁粉的心。他们明知塞班系统有缺陷，但依旧不离不弃。同时，很多粉丝强烈要求诺基亚做安卓手机，诺基亚也无视了他们的呼声。正是因为不听取用户的声音，诺基亚才无法在这个iOS与安卓"两家独大"的市场上继续存活。印度早期科技评论员、现入职小米的克林顿·杰夫评论道：

"诺基亚的粉丝们充满愤怒与不解：'诺基亚是在搞什么？'本来有好好的操作系统你不选，非要选微软的操作系统，因为你觉得微软肯定会花大价钱，把微软系统建设得比肩安卓。埃洛普只知道从商业的角度来判断是否合理，但从粉丝的角度来看，情况绝非如此。相比之下，三星开始推出安卓手机，体验与iPhone非常接近，这才是粉丝们真正想要的。"

诺基亚最终以极低的价格将手机部门出售给了微软。2019年10月，微软也正式停止研发微软手机操作系统。

第五章 粉丝的力量

同用户站在一起,或者说"民主地"做产品研发,带来的结果是革命性的。这不仅帮助小米避免了很多严重的错误,也让粉丝的作用得以体现,更好地助力小米走向全球。例如,中国的小米手机上的相机都自带美颜效果,但在印度,由于粉丝强烈反对,小米在印度的手机里便没有这一功能。再比如,印度的粉丝们非常希望手机能内置射频芯片,这样手机就可以充当电视遥控或者空调遥控,小米便将这一功能设为了印度小米手机的"标配"。放在诺基亚那里,倾听用户需求这一看似简单的理念,简直称得上是"革命性"的。诺基亚有意坚持使用手写笔输入,但明明触屏输入的技术已经问世了几十年,直到 iPhone 大卖,才真正普及了这项技术。一位科技评论员称,芬兰人的思维是,在芬兰这种寒冷的国家,如果没有手写笔,就得把手套脱了,才能触屏输入,过于麻烦,所以必须使用电阻屏。和 iPhone 使用的电容屏相比,电阻屏灵敏性低,也不支持多点触控。然而问题在于,新一代的消费者主要来自印度和中国这样的国家,全年里天气一般要温暖得多。即使是在美国,2007 年 iPhone 问世后,电容屏也毫无疑问是对用户最友好的选择。如果诺基亚能把粉丝放在核心位置，肯定会有无数的粉丝反馈，他们要的是 iPhone 那样的电容屏，而不是容易丢并且必须用双手才能操作的手写笔。

小米的商业理念不仅把用户变成了朋友，还在短时间内吸引了一批非常忠实的粉丝。

小米上市前几个月，雷军在给股东的一封内部信中写下了这些话，绝无夸大事实的成分：

"优秀的公司赚的是利润，卓越的公司赢的是人心。更让我们自豪的是，我们是一家少见的拥有'粉丝文化'的高科技公司。被称为'米粉'的热情的用户不但遍及全球、数量巨大，而且非常忠诚于我们的品牌，并积极参与我们产品的开发和改进。"

在《不花钱的营销》一书中，营销专家杰西·保罗写道："小米粉丝的群体充满活力，对这类产品来说是很少见的。这减少了他们的营销成本，并且即使是没有新品发布的时候，用户也能一直对他们的产品保持兴趣。"

的确，小米已经建立起了一个全球范围内的小米粉丝群体。那么，小米究竟是怎么做到的？

小米如何赢得粉丝

前文提到，小米起初并不是一家手机公司。小米最初开发的是手机操作系统 MIUI，安装到客户的手机上，手机性能就能大幅提升。MIUI 有三个核心特点：速度快，运行流畅，并且最重要的开源。在金山工作了大半个职业生涯的雷军，早已习惯用数月的时间，专心开发一款产品。但他也明白，如果这个产品是智能手机或者操作系统，产品研发的周期就得快得多。

回忆起当年的日子，黎万强写道："用户体验方面的研发不再是按月或按周讨论，我们每天都要和用户交流[1]。"用户可以在 MIUI 的公告板上写反馈或建议，软件再以此定期更新，反馈的内容一般很快便可以体现在第二周的更新中。小米在内部论坛上与用户交流，

---

1. 节选自黎万强《参与感：小米口碑营销内部手册》。

用户的反馈会随时被置顶。然后，小米会组建一个两到三人的小团队，针对投票数量最多的功能开展研发。每周五（小米称之为橙色星期五），小米都会发布新一版的MIUI系统。正是因为MIUI更新速度快，用户与小米的关系也就更加紧密。

不妨设想一下，"每天与用户沟通"，沟通的频率多了，和用户的联系自然就更深。从根本上来说，MIUI本就是一款优秀的产品，而用户的反馈则让MIUI更上一层楼。事实也的确如此，推出一年后，MIUI的用户从原本的100人增加到50万人。小米让用户们感受到，他们真切地参与到了MIUI系统的研发过程中。这与三星追求的模式是很不一样的。相比于推出新产品，给用户惊喜，小米表现出的是对用户需求的高度关切，并且致力满足他们的需求。

事实证明，用这种方法来稳固粉丝，可以说万无一失。让用户参与到产品的研发，小米以这样的方式建立了可信度，用户也回报以喜爱和忠诚，自然也希望小米能取得成功。

用行业术语来说，这种现象叫作参与性消费。用户不仅是被动的消费者，而且会扮演起参与者的角色。在科技和智能手机行业之外，第一家认真做参与性消费的企业是瑞典的家具企业——宜家。宜家成立于1943年，宜家的优势在于，它的理念是让消费者自己也付出劳动，参与到家具制作的过程当中。宜家的产品并不是预先安装好的，往往都是散件组成的包裹。这不仅能节约仓储成本，也能让用户的家人和朋友们聚在一起，把安装家具这种枯燥的事情，变成了充满趣味的DIY活动。宜家称得上是参与性消费模式的典范，不仅能节约劳力成本，还能使用户在参与安装的过程中，从更深的情感层次上，将买来的商品真正变成属于自己的东西，无论是父母给自己的孩子组装一个婴儿床，或是刚参加工作，和朋友一起置办自己的卧室。这是一种独特的心理体验，很多学者也有关注。2011年，哈佛商学院的迈克尔·L. 诺顿、耶鲁大学的丹尼尔·莫孔以及杜克大学的丹·艾瑞里联合进行了一项研究。研究指出，消费者会对自己参与创造的产品有过高的估价，他们将这种现象称为"宜家效应"。宜家效应可谓无所不在，营销企业FreemanXP的一篇文章便俏皮地把标题起为

"你自己的想法就真的好吗？警惕宜家效应"。文中作者讨论了宜家效应是如何诱导消费者"爱上自己亲手做的宜家产品"，哪怕有时候自己组装的东西零部件缺失，甚至安装错误，消费者也会爱上自己的"劳动成果"。这就像是自己做的菜，就算糊了点，也还是觉得好吃。我们看过不少类似的居家视频：新手爸爸动手打造孩子的游乐室、年轻夫妇花上整个周末，研读宜家手册等。消费者们甚至还根据手册，创造出了属于自己的家具安装方式。他们甚至还有个昵称——宜家黑客。他们把自己安装的手工作品上传到各种社交媒体上，向朋友和粉丝们炫耀自己的宜家新创造，可以说是参与性消费的最好例子。

而这正是小米的商业逻辑——强调参与，优化用户体验。作为一家手机和互联网公司，小米深知手机无处不在，并且很好地利用了这点。现如今，很多人每天都会花大量时间玩手机。也正因如此，小米采用了这样一种用户参与的模型，让他们在手机上花更多的时间。小米品牌与创意设计负责人、专业设计师黎万强，便一直很重视各式各样的小功能。实际上，也正是这些小功能，将小米手机与其他品牌的手机区分了开来。他曾说，其他品牌手机的用户，是"用"手机，但小米手机的用户，是"玩"手机。不过，要把手机系统设计得好玩，可不是什么"好玩"的事情，常常需要下苦功夫才行。为此，黎万强的团队提出了所谓的"参与感三三法则"——有效性、情感诉求和互动性。后面两点，也就是情感诉求和互动性，是让小米产品独树一帜的法宝。小米的用户不仅仅是使用产品，他们还在情感上与产品连接在了一起，所以会经常与家人和朋友一起讨论产品的优缺点。反过来，这又进一步加强了口碑，而口碑正是市场营销中最重要、最有力的武器。小米正是以这样的方式，将口口相传的方式转变为了有力的营销工具。当然，小米的秘密武器不止于此，后面我们展开讲述。

参与性消费：从宜家到抖音

如果说宜家是第一家非科技领域使用参与性消费模式的企业，那么放眼科技圈内，也有不少企业采用这一模式，取得了不同程度的成功。当前，众筹平台纷纷大获成功，充分证明参与性消费的时代已然到来。Kickstarter 作为最成功的众筹平台之一，主要支持手工艺品项目。公司的愿景是"帮助创意项目落地"。这家平台要求之一便是，项目发起人需要和潜在用户保持密切的联系。过去，公司一般专心营销自己已经生产好的产品，但现在，在商品开始生产之前，营销就已经开始了。所谓的"公开制造"已经在很多领域取得了成功。例如，抗焦虑魔方的创始人，起初融资仅 1 万 5 千美元，但最后却获得了 15 万人的支持，融资近 600 万美元。Pebble 手表则是另一个例证，它在 Kickstarter 平台上获得了超 2 000 万美元的融资。这是对传统投资人—用户模型的一次独特改动，带来的是"民主的设计"。也就是说，如果在截止日期前，项目获得的支持不够多，项目就会被取消。截至 2020 年 4 月，仅在 Kickstarter 一个平台上，便共有 181 141 个项目落地，融资共计 49 亿美元，充分表明参与性消费模式不仅能提高销售水平，还能助力孵化新的创业项目。

丹麦知名游戏公司乐高，也是参与性消费的实践者。乐高玩具的设计也是"民主的"。2008 年，乐高与日本企业 Cuusoo 合作建立平台，消费者可以自己设计并投票，选出最受欢迎的玩具设计。高票当选的玩具将被批量生产，作为正式产品销售。为了鼓励创造，最高票获选的玩具还将获得该款产品销售利润 1% 的奖励。乐高的创意众筹设计可谓轰动一时，2014 年，乐高买下 Cuusoo，并将其更名为乐高创意。自此，乐高创意成为一个互动平台，粉丝可以每日参加活动，不断推出新的设计，满足主题需要。

谈完了宜家、Kickstarter 和乐高，但真要谈参与性消费，抖音可以说是绕不开的。抖音是一个视频社交平台，2012 年成立于中国。2017 年开始进军中国以外市场，后来收购了短视频软件 Musically，并很快在全球范围内快速增长。2018 年，抖音宣布成为全美国下载量最大的软件。截至 2019 年，抖音的下载量达 10 亿次，成为 2010—2019 年，全球下载量第 7 大的软件。不过，抖音是如何火起来的？抖音允许用户上传 3—15 秒的短视频，也可以上传长达 60 秒的视频。和许多社交平台软件一样，抖音也使用算法，根据用户的喜好，给用户推送个性化定制的内容。但是，真正让抖音与众不同的功能在于，抖音可以以录制视频的方式回应其他视频，并将自己创作的内容分享给朋友，或完全公开。作为一款娱乐软件，用户可以在抖音上对原创音乐视频进行二度创作。抖音这种用户中心模式曾轰动一时，用户日均使用时长达52分钟。在2019年的一篇学术文献中，蒋小雨阐述了抖音这种用户中心的模式为何能取得巨大成功。她写道："抖音加强与用户的深度互动，重构用户连接，结合不同场景，满足用户的信息交互和表达需求，提供定制化服务，实现了资源聚合和价值创造。"毫不意外，小米的模式也正是基于这些基本原则建立起来的。

  小米向我们展示了如何把产品转变为用户活动，以及如何将企业成功转变为一家面向用户的组织。从起初只经营操作系统，到后来成为手机巨头，小米一直把用户视为每一步决策的首要考量。从收集用户反馈，按周更新，到为新功能发起在线投票，再到雇用小米粉丝当员工，小米真正成为一家"服务于用户、用户治理、用户享有"的企业。

  小米的很多联合创始人和高管等都有过在摩托罗

拉、三星领军手机企业工作的经历，他们都很清楚当下新兴手机市场面临的问题。他们都知道，当前的手机市场肯定是还有提升空间的，但在运营过程中有很多问题，领军的手机企业既不听取用户的建议，也无法根据用户的建议按时、高效地更新自己的产品。小米利用"后来者"的优势，积极和用户沟通，向他们提供他们想要的服务和产品。用户参与模式认定的是，用户不会向同质化的产品妥协。2019年，李明伟、贾素玲、杜文宇在一篇论文中指出，小米的粉丝是其创新能力的重要拓展来源。小米根据个人技术和专业水平，将用户分为四类。这四类用户依照技术能力，从高到低，包括1 000名高水平开发人员，10万名中高技术水平的产品测试员，以及350个中等技术水平的产品支持。第四类用户则是普通用户，技术水平要求很低（会提出新想法，改善新产品），但也可以和前三类用户交叉。在营销作用上，第四类用户的作用最大。原因显而易见：高水平开发人员人既是用户，又会和小米工程师们一起开发产品；产品测试员则负责对产品的测试版进行测试，需定期提交测试报告；产品支持则需要每天花一个小时,回答一般用户的问题,并教会一般用户正确使用产品。

何必花钱做广告

如果说前三类用户的作用是改进小米的 MIUI 系统和后来的各类设备,那么第四类用户的作用则是将小米传播给更多的人。一开始,小米的高层就很清楚两件事:第一,小米不会花大价钱打广告;第二,小米要用产品说话。小米的营销理念是:别打广告,大众就是广告。小米提倡无广告的营销理念,给市场带来了不小的涟漪。当时,苹果和三星两家智能手机巨头都在营销上斥巨资,但小米却发誓不在广告上花一分钱。的确,"不花一分钱打广告"这件事,让业内对这家中国品牌津津乐道,觉得小米简直是自取灭亡。但在小米内部,高管们都知道,小米的用户会自主地帮他们做推广。黎万强认为,利用广告吸引客户的时代早就过去了,新的营销策略必须能够激起用户的兴趣才行。为此,小米决定在微博上做推广。小米自主创造容易吸引受众的内容,而非花钱把广告推送给用户。巧合的是,小米的崛起也正好和中国社交媒体的崛起时间相一致。

例如,有一段时间,开箱视频变得很火。受科技博主和网红启发,小米开始发一些开箱视频,向观众介绍小米手机的基本功能。同时,小米花大功夫,努力生产质量上乘、设计优秀的产品。例如,其他企业在手机的包装上花费往往很低,但小米却决定用 10 美元每只的高价包装。价格不同,包装的质量自然也不同。小米手机的外包装非常结实,几乎可以承受成年人的体重。为了证明小米的包装质量好,小米曾发布了一个搞笑视频。视频里的两兄弟都很胖,直接站在小米的包装盒上,努力维持平衡。在米粉们的支持下,这个视频非常火。两个大体重的人站在箱子上,这样的视频必然能带来欢笑。小米把视频放在微博上,一下子就吸引了很多人的注意,观众们都开始参与互动。很多用户开始"玩梗",拍摄类似的视频,引发了更高的流量。类似走红的事件还有很多,小米似乎非常精于此道。

媒体平台 BuzzFeed 出版人阮涛曾做过一次非常有趣的 Ted 演讲,演讲中,她分享了 BuzzFeed 是如何做到定期创作出爆款视频的秘诀的。她举了这样一个例子：一个公司的员工决定在老板生日的时候恶搞老板。为了给老板一个"惊喜"，员工们在老板的办公室放了几只小羊，并且准备在 Facebook 上全程直播。这原本是公司内部的一场恶作剧，但经他们的操作，很快便吸引了很多网友的注意。在短短的 30 分钟内，约有 9 万人观看了这场直播。阮涛表示，团队后来回过头思考为什么这样的活动可以吸引观众。觉得观众们在观看直播时很兴奋，是因为他们一同参与到了一件事情中，即将一起见证这件事发生。他们临时组成了一个小社区，这便足够令他们开心。而小米上文制作的视频，则是出于相同的逻辑。在小米的视频中，观众们首先被戏剧效果所吸引——两个大个头儿，在一个小小的包装盒上抢位置站稳。整个视频观看下来，观众得到了非常好的体验，但同时也在过程中，以一种趣味性的方式知道了小米的包装盒非常坚固。简言之，视频传递了信息，但又不至于太生硬。

小米的粉丝还给公司带来了其他利益。很多次，粉丝们甚至避免了公司的尴尬处境，有时还积极地为遭受批评的小米产品做辩护。2015年，在小米印度公司首次主要产品的发布会上，极富人格魅力的雷军用不太流利的英文做了发言。虽然雷军好几次都差点儿说不下去，但他说的一句话却成了互联网上人人调侃的段子。当时，现场正为小米的新品一片沸腾，雷军本来应该问观众："Are you excited?（激不激动？）"，但他问的却是："Are you okay?（你没事吧？）"，而且前后问了好几次。在优酷上，这个视频一天内便吸引了44万次的播放量。见状，小米的粉丝立即采取行动，开始为雷军辩护，称雷军这样是自信的体现。雷军是值得称赞的，虽然他的英文不流利，也还是挣到了10亿美元。他诚恳又自嘲地向《华尔街日报》解释道："在中国的教育体系里，我们其实从中学就开始学英语，一直学到大学。我英语考试都考得挺好的，但是看来也就只是考试考得好而已。"小米的一位员工后来匿名表示，小米的公关部门当时很快便采取行动，他们在网络上发布了很多表情包和搞笑视频。在小米粉丝的帮助下，这一事件传播度很高，但没有转向负面。

小米借助自媒体的营销方式取得了巨大的成功。

小米

2014年，小米用户中约有2 000万在小米内部的BBS论坛，3 000万在QQ空间，600万在微博和微信。2016年，黎万强称，小米论坛每日访客达200万，日讨论参与量超30万，10倍于体量接近的其他公司。作为一家互联网公司，小米使用了正确的渠道，为自己的产品背书。还记得小米是如何反对利用传统广告营销的吗？他们的准则是"不要做广告，要做优质内容"。小米将理论付诸实践，定期在自媒体平台上更新优质内容。由于小米发布的内容一般都与受众有很大的相关度，再加上小米以用户为先的理念，用户们常常自发地点赞和转发，给产品带来了很高的热度。

不过，小米的活动并不是仅限于网络平台。随着用户慢慢变成可靠的粉丝，小米开始举办线下的庆典活动。小米的粉丝中有很多年轻人，因此小米决定更进一步地深入这一群体。在小米举办的"爆米花"活动上，粉丝们来自全国各地，相聚一堂，一起玩游戏、做直播，或者是简单的见面聊天。活动上，粉丝们有机会见到小米的高管，并且可以和他们合影留念。只要注册，粉丝们便可以得到免费的T恤和一些其他的赠品。同时，手机、吉祥物以及一些其他的商品都打折出售,活动全程都会由粉丝直播,粉丝们也有很多视频博主。与小米在自媒体平台上的在线活动类似,这类线下活动有两个重要的功能。首先,活动能让用户为自己的品牌代言;其次,由于是真实的用户帮忙做推荐,而非公司花钱做的推广,这种营销的真实性便有了保障,用户也就更愿意购买。这种营销方式的优势,绝非传统手段能够比拟。

除了"爆米花"外,每年会有几百名幸运粉丝有机会在新年前夜同雷军一起参观小米的总部。据称,每年,粉丝们都从全世界各地被邀请到这里,包括雷军在内的高管们则亲自给大家下厨,共同庆祝新年。

让粉丝成为员工

小米粉丝的力量远不止于此。从很早开始,雷军就看到了粉丝的力量,并且想把粉丝的这股热情引入工作当中。他要求人事部门积极招聘小米的粉丝来做员工。比如,在写下本章之时,小米印度的公司便有超20名员工是从米粉社区雇来的。《印度教徒报》的一篇文章指出,小米成功破译了把产品粉丝转换为激情员工的密码。巴维亚·马尼亚尔就是一个例子。巴维亚上的是工程类大学,上学期间,他一直担任小米的测试员。后来刚毕业,他便入职小米,成为营销总监。类似这样的例子还有很多。与粉丝们相比,普通员工往往需要工作很久才会对公司产生感情。但粉丝们却能在入职的第一天就带着巨大的热情和动力。

  对于没能入职小米的绝大多数用户,小米也确保他们感觉自己对于小米是很重要的。小米的社交媒体团队的日常工作便是想新点子,让粉丝们感受到自己是小米大家庭中不可分割的一部分。他们会定期举办摄影大赛,并且在小米的官方媒体账号上更新最佳照片。2019 年 7 月 23 日,马努·杰恩发了一条 Twitter:"小米 5 岁了 # 小米在印度走过了不可思议的 5 年!回顾过去,我看到小米的粉丝正变得越来越强大。为表庆祝,我要把我的名字改成米粉·马努·库尔玛·杰恩。如果你也是一名真正的米粉,就把'米粉'两个字也加到自己的名字前面吧!"随即,Twitter 上无数小米粉丝都把这一标签加在了自己名字的前面,一直持续了好几个月才结束。

"米粉"这一前缀缩短了普通粉丝与这位小米高管的距离。这也展示了小米强大的品牌力量,粉丝们自发地愿意将这样一个标签与自己的身份联系在一起。在《不花钱的营销》一书中,杰西·保罗写道:

"小米的竞争力极强,他们的剧本非常典型。他们的产品又好又便宜,受众定位清晰,避开了其他几个主要的竞争对手。采用推式策略,开设分店,同时培养B2C受众。创业初期又采用在线销售以及闪电销售作为主要销售手段。"

杰恩和其他几位高层是小米内部最重要的意见领袖。一般来说,传统企业不会花费太多资源营造个人人设和社会形象,但小米却不然。小米这样做的理念也很简单。相比于花钱请网红、媒体或者昂贵的广告公司来做宣传,小米打造属于自己的意见领袖,构建自己的故事,直接同用户相联系。用 Wayback Machine(一款互联网备份工具)查看一下杰恩的 Twitter 便能发现,

2014年7月,杰恩还仅有448名粉丝,但到2015年5月,粉丝数量就变成了15 800。再到2018年4月,这一数字已经达到164 000,2020年11月,杰恩的粉丝数量累计已达422 900,成为Twitter上营销力很大的存在。在领英和其他平台上,他的粉丝数量加起来已经接近百万。

2019年,在印度成功运营5年后,小米发布了一段庆祝视频,给几位小米粉丝来了段特写。视频展示了不同的小米产品,与观众共同回忆了小米在这短短5年内的数座丰碑。这部视频标题叫作"没有你,就没有小米",或许称得上是近期以来最恰当、最自省的一次宣传。小米的品牌团队比所有观众的评论都写得好——没有用户,的确就不可能有今天的小米。

价格公道

坑"梗"和铁粉自然是极好的,但如果忽视了小米定价策略的作用,那就对不起多年以来小米在这方面的耕耘了。2011年,小米推出其首部手机时,雷军告诉员工,他想造的手机是性能优于售价600美元的手机,但价格却低于300美元。这就意味着要放弃利润,而这对制造业来说是大忌。但是,雷军对此却"很OK"。20世纪90年代,雷军还在金山公司工作的时候,他便首次将自己的杀毒软件免费发布,这是当时的行业怎么都摸不着头脑的。后来,如我们所知,互联网行业丝毫不吝啬于花钱买用户。这其实也是很多硅谷企业一举上位的重要手段之一。如前所述,如果我们将小米视作一家互联网公司,而非一家手机公司,小米的这笔账就算得通了。传统上,互联网公司都需要花钱来获取用户,但在小米这里,小米不仅获取了用户,还把钱赚了。

直到今天,小米依旧坚持自己当初的定价策略。例如,TechInsights报道称,2020年2月发布的小米10旗舰系列5G手机,仅各项配置的价格便达440美元。但小米最终的预期定价仅700美元。与三星和苹果大多数类似配置的手机相比,小米的价格要低得多。当然,对于那些希望购买手机来彰显地位的人来说,价格战是没有意义的。但对小米来说,为了吸引越来越多的用户,帮助自身的商业模式运转,体量比小众的高端用户显得更重要。

回到 2018 年上市的时候，雷军做了一件非常大胆的事。在致投资人的公开信中，雷军写道："在此，我要向所有现有和潜在的用户承诺：从 2018 年起，小米每年整体硬件业务的综合净利率不会超过 5%。如有超出部分，我们都将回馈给用户。"这不仅体现了小米对用户的承诺，也促使小米思考，如何借助小米的平台提供服务，赚取利润，而非以抬高硬件价格的方式。小米释放的信息很明确：小米不是一家硬件公司。小米的公开招股书这样写道："小米是一家以智能手机、智能硬件和物联网（IoT）平台为核心的互联网公司。"

小米将之称为铁三角商业模式。不妨想象这样的一个三角：硬件、互联网服务，以及电商及新零售，处于三角中心位置的，则是用户。除手机外，小米也生产智能电视、健身手环以及一系列基于物联网的智能生活用品。小米以多渠道的方式，销售各类产品，同时包括线上和线下零售。在互联网服务方面，小米有自己的MIUI 操作系统，基于这一系统则提供小米应用商店、小米浏览器、小米音乐和小米视频等应用。小米还提供网络游戏、电商（小米有品）、消费金融和电视互联网等服务。小米的公开招股书中写道："相比其他获客成本较高的互联网平台，我们通过硬件销售获得用户的过程本身是盈利的。"

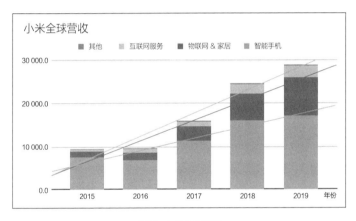

来源：小米公司文件

套用已故管理大师克雷·克里斯坦森常说的一个词，小米是一家典型的"颠覆性创新企业"。颠覆性创新并不总是最好的一类，但是，正如克里斯坦森在论文中指出的，这样的创新却能"创新性地融合某些要素，吸引边缘消费群体，尤其是市场底层的消费者们。这一群体有自身的特点，比如规模更小、消费水平更低、易于接触、更为便利等"。显然，小米选择造更便宜的手机，采取了追逐底层市场的策略，小米成功了。在印度这样的市场，由于流量降价，网络状况改善，网络内容引人入胜，无数用户都开始购买智能手机。而小米的定位则不偏不倚：做市场上你能买到的最实惠的旗舰智能机。2015年，印度的电信公司Jio成立（由印度头号富翁穆凯什·安巴尼出资建立），掀起了印度互联网流量的价格大战，并且最终将流量价格压至最低，手机互联网由此开始腾飞。根据麦肯锡全球研究院2019年4月的数据，2014年至2018年，印度的互联网用户由原本的2.39亿飙升至5.6亿，与此同时，单人流量消耗从86 MB上升至8 320 MB，流量价格从每GB占月GDP的6.1%下跌至0.1%。印度人民重视实际价值，当他们想把手机换成智能机时，价格实惠的小米便成了首选。在中国，在中产阶级开始快速崛起，小米也是基于类似的逻辑取得了成功。

不过，克里斯坦森还论述了颠覆性创新的另一个特点：

第五章 粉丝的力量

"已有的消费者和已成熟的盈利体系,会限制成熟企业投资创新。因此,大企业觉得不感兴趣的创新项目,新兴企业可能觉得非常有吸引力,他们现有的客户不多,并且想避免投资上竞争太大。由此,对于颠覆性创新,大企业一般缺乏动力,因为颠覆性创新项目的利润低、市场小、产品和服务质量也较低,他们已有的顾客无法成为受众。"

小米的竞争对手们采用的商业模式,都在市场营销上花了大价钱,并且依托层层的线下零售网络来出货,除此之外,他们还有很重的技术负债。而白手起家的小米,只负担得起线上销售,专注于快周期的产品研发,并且避免花大价钱营销。因此,小米是行业的颠覆者,而它的对手们纷纷来不及做出反应。

然而,2019 年,为适应现实,小米调整了自身的策略。小米官方提出了"智能手机 +AI 物联网"的双引擎战略。根据雷军招股书公开信的内容,这一决策是为了加强创新、加强质量把控、强化供应链管理,同时也是为了开展其智能手机的多品牌策略。

　　AI物联网平台是小米的另一个"引擎"，借此，小米希望开展人工智能和物联网这两方面的业务。在这方面，小米承诺在未来的五年内，在AI物联网上投资100亿人民币。截至2018年12月，小米共有1.509亿台设备连接到了它的物联网平台（不包括手机）。小米还与宜家合作，在平台提供有智能照明解决方案。这样一来，小米有了更多的数据，帮助拓宽人工智能的边界。通过聚焦于人工智能和物联网，小米开辟了两条全新的道路，并且涉及的都是新兴市场，有效拓宽了小米市场的维度。很多人在评价小米时，都只谈它是一家成功的智能手机公司，而忽略了以上这点。小米向用户每出售一台手机，便可以更加轻松地把足迹踏入其他领域，因为买到手机的用户已经体验过了小米。例如，一旦你已经用过质量可靠的小米手机，你便更有可能在你的卧室买上一台小米的智能电视和空气净化器、在浴室买上一个小米的电动牙刷和智能秤、去健身房或户外时买一个小米的手环，又或是买上一台小米的笔记本电脑用来办公。除了这些以外，小米还出售智能摄像头、肥皂盒、电池、耳机以及其他诸多配件。这都得益于小米有能力快速地根据自身的用户群体，确定商品门类。目前，在小米生态链条搭建的相关企业产品已经超过200种，小米的想法是，借助物联网平台将小米的所有产品都连接起来，并且利用这些数据，进一步推出其他人工智能产品。在印度，小米的很多产品都取得了成功。2019年初，我与小米印度的高管（在线销售负责人）拉格·雷迪见面。当时，小米已经成为印度最大的智能手环和智能电视的销售商。2020年第一季度，小米智能电视以27%的市场份额保持领先，LG和三星分别以14%和10%紧随其后。Counterpoint研究指出，在流媒体内容需求持续上涨的影响下，2019年印度共销售1 500万台智能电视，创下纪录。印度超过2亿家庭安装有电视，智能电视的市场非常大。"销售增长主要由经济型智能电视驱动，其中以32寸以及价格在150美元以下的智能电视销量最高。"小米的32寸智能电视售价12 499卢比，约合167美元。在智能穿戴设备方面，小米的手环价格区间为1 299卢比至2 299卢比，约合17.4美元至30.8美元，2019年的销量达530万个，领先市场其他品牌。小米手环的销量同比增长 50% 以上，市场份额达 49%。印度最大的手表品牌 Titan，在智能手表市场仅有 14.5% 的份额。

在其他行业中，有很多类似的例子（低价与产品多样化的组合）。某种意义上来说，这是软件公司改良版的经典"占地画圈"策略。软件行业常常名义上标价，但让用户免费试用自己的软件，以便于轻松地获取用户。最终，软件公司盈利主要是通过提供收费服务（同时保留免费模式），发布新产品（多产品模式），或是开放更多权限。这样一来，企业也能获取更多用户。

如果再仔细想想，这其实很像吉列广被研究的"剃刀模式"。吉列的策略是以非常低，甚至无利润的价格销售功能重要的消耗品（比如手机）。这样的销售能带来稳定、可循环的收入，并且产品的用户会因此被绑定在这一平台上。在小米的案例中，智能手机只是通往用户的"门户"。再往后，小米则开始借助自己的平台，给出价最高的商家贴牌销售。同时，小米也可以借此销售其他手机配件，以及提供金融信贷等服务。

不过，不靠软件和服务挣钱，并非所有人都看好小米的这种策略。杰弗里·陶森表示："长远来说，小米最大的问题还是想用手机和智能设备挣钱，而非通过服务。小米一直都以非常低的利润销售智能设备，小米的想法是，未来他们可以通过软件和服务来赚钱。但是，这尚未发生，他们最终还是得接受，自己只是一家设备制造商，而非所谓的互联网公司。"

数据也验证了陶森的观点。在第203页的图中我们也能看到，尽管小米这些年来的广告收入增长不错，但从占比来看，2019年小米的广告收入仅占9.6%，与2016年持平。同时，智能手机的收入从2019年的71.3%下降到了2019年的59.3%，物联网家居产品的收入则从2016年的18.1%增长到了2019年的30.2%。2019年末的总营收为2 058.4亿人民币。

后 记

企业是一个活生生的有机体,说这话的是伟大的美国企业家安迪·葛洛夫。作为英特尔创始人以及执行总裁的他曾说:"方法要变,焦点要变,价值观也要变。把所有这些转变加起来,就是转型。"葛洛夫喜欢变革,源自他对偏执的认知——只有偏执的人,才能成功。小米以用户为中心的模式为自己赋予了强大的力量,令很多竞争对手望尘莫及。尽管小米现今已经不再算是初创企业,但它却时刻保持灵敏,随时做出改变,以满足用户的新需求。当今的商业世界竞争激烈,用户的需求的确是一个强有力的面向。但是,即使是超人,也会有"氪石"。

我们已经见证了小米是如何在雷军的梦想和精心的

规划下逐步壮大。我们也见证了小米因雷军的预见能力而腾飞：雷军预言了21世纪第二个十年将是"互联网的十年"，也预见了社交媒体的崛起，将创造新的品牌和新的消费模式。一直以来，小米都是中国最受欢迎的品牌之一，即使是放眼世界，小米也具有很高的地位。不过，小米身上"最鲜艳的羽毛"显然当属印度。在印度，小米用四年的时间击败三星，成为市场第一的手机品牌。我们不禁要问：未来将会如何？谁将执笔续写？作为本书的结尾，我们似乎可以解读三星的宗旨，套用三星2008—2009年的一句广告标语，尝试理解小米的未来。广告中，镜头对准了宝莱坞巨星阿米尔·汗，画外音响起："提升自己，下一步我该做什么？"话音落下，阿米尔·汗双目直击屏幕和广告板外的观众。今天，小米也已走过了12年，我们要问的问题是，想要继续领跑，小米该做的是什么？或者说，长远来看，小米的面前是否横亘着某种巨大挑战，需要小米全力以赴？我们很难预料未来，也很难指出小米的"氪石"在哪。所以，本章就让我们集中讨论，未来市场有什么样的大趋势。

小米的崛起是这本书的开端。就如同帝国的兴衰一样，小米的崛起，遇上的是无法适应智能手机市场的诺基亚和摩托罗拉的衰落。用诗人艾略特的话来说，它们的世界并非轰然倒塌，而是湮灭于无声的呜咽。随着这两家美国和芬兰的企业安静退场，中国的小米站到了舞台中央。过去几年，中国崛起了不少世界知名的品牌。从 OnePlus 到 OPPO，再从 vivo 到 realme，当今的智能手机市场，很大程度上已经变成了中国的舞台。这对于我们解读小米，有着莫大的启示。本书中，我们提到过很多次，雷军的梦想之一，便是消除全世界对中国"廉价劳动力和廉价商品"的刻板印象。现在，他的愿望已经实现了。中国产品变得可靠，出口于全世界范围的市场。我们需要明白的是，这对小米品牌的未来会有什么样的影响。比如，小米想要保持当前的领军地位，这会对其有何影响？小米可以从那些快速成名，但又很快失败的企业案例中，学到什么？

我们已经讨论过，诺基亚和摩托罗拉为何会在 21 世纪初没落。但是，还有一家品牌的故事值得一提。2009 年，动态研究公司被《财富》杂志评选为全球发展最快企业中的第 199 位。年轻的读者可能不太熟悉这家企业，这正是大名鼎鼎的黑莓手机的制造商。罗德·麦昆在《黑莓：动态研究公司的内部故事》一书中指出，当时的黑莓是加拿大价值最高的科技企业，年营业额达150亿美元，五年内的营业额增长达惊人的910%。如果说小米的成功乃是参与性消费这一宏观趋势的产物，那么，黑莓的成功则要归因于企业技术的第一拨商业化进程。20世纪80年代至90年代，美国的电话市场开始崛起，并取得了飞速的发展。美国电话电报公司破产后，摩托罗拉在便携式无线电上的创新为消费者带来了第一批消费型手机，手机自此开始流行。但在当时来看，手机互联网的概念还是很新。当时的手机市场主要由摩托罗拉、爱立信、诺基亚和西门子占领。很快，三星取代了西门子，动态研究公司也开始入场，并且带来了一项全新的功能——收发电子邮件。这意味着，用户可以用手机，连接到自己的电子邮箱。

  手机与电子邮件同时崛起，在企业工作的用户又需要频繁地登录自己的邮箱，这便是早期黑莓能够成功的主要原因。很快，黑莓手机变得对用户越来越友好，推出了像黑莓短信这样的功能，于是开始跳出企业圈，成为一家备受欢迎的消费电子品牌。黑莓的崛起非常富有启发性，它解释了手机的变革可以如何将小众、不知名的初创企业，转变为全球化的大公司。

不过后来，2007年推出的iPhone和2008年推出的安卓系统，则掀起了智能手机市场的一场剧变。在短短不到十年的时间内，黑莓从一家技术力量雄厚、市场份额庞大的知名科技企业，沦为了智能手机市场上的无名之辈。2011年，黑莓被迫解雇了2 000名员工。2012年1月，黑莓的杰出联合执行总裁迈克·拉扎里迪斯和吉姆·巴尔西利宣布辞职。2013年，黑莓的活跃用户开始骤减，销量也开始暴跌，黑莓开始亏损。毫无疑问，黑莓的确是创新者，但黑莓却没能跟上时代，或者说，没能跟上用户。

同其他智能手机时代转型失败的企业一样，黑莓的智能手机业务最终也走向了终结。山姆·古斯汀在《时代》杂志上这样讲述了黑莓的失败：

"黑莓之所以跟不上苹果和谷歌的步伐，是因为其战略和视野。首先，主导市场后，黑莓没能预想到消费者的需求，将会带来智能手机革命。其次，黑莓在所谓'App 经济'的攻势下措手不及，而正是这一趋势催生出了无数的 iPhone 和安卓相关设备。最后，黑莓没能意识到，未来智能手机将不再是单纯的交流设备，而会成为无所不包的'娱乐中枢'。"

电信行业中，有无数跟不上时代步伐而消亡的企业。对智能手机行业来说，十年是漫长的，保持十年的成功，绝非易事。很多公司虽然走在了前面，但也被智能手机行业的变革所击溃。小米的命运是不一样的，但原本它也无法逃脱消亡的命运。对小米来说，有那么几个大的风向，决定了它的成败。

小米的专利问题

2018 年，小米发布公开招股书，其中列出的主要风险之一，便是被多家企业起诉过知识产权侵权问题。招股书中公开写道：

"特别是，我们可能不断面对与我们产品及服务所用技术或知识产权有关，且被指侵犯或违反知识产权的若干知识产权索偿（包括专利、产权及商标纠纷）。日后亦可能牵涉新索偿。"[1]

可以确定的是，小米近来的确增加了其在研发上的投入。2016年至2019年，小米在研发投入上的复合年增长率达53%。例如，2016年，小米的研发投入仅为21亿人民币；2020年，在财务报告中，小米称预计研发投入将增至5倍。

小米的专利问题与它的商业模式有很大关系。小米致力定期推出全新而又有"爆炸性"的产品，并希望快速转型，提升科技，适应竞争，满足客户的需求。这种不断推出新产品，同时又保持与用户联系的模式，成为小米组建自身专利池路上的绊脚石。很多情况下，小米都很依赖第三方IP。从第三方手中获得专利既费钱又费时，对产品的盈利能力有很大打击。如果小米

1.《小米集团招股说明书》。

希望解决专利问题，同时保持竞争优势，小米必须采取新战略，组建扎实的专利池，同时又不降低自己的商业目标。

相比之下，华为却不断巩固自身的专利池，并于2008年成为全球专利申请数量最多的第一家中国公司。虽然其中很多不是智能手机直接相关的专利，但有专利在手，电信方面的业务谈判以及解决诉讼问题，总是会方便得多。《下一个倒下的会不会是华为》一书中详述了这一问题：华为向高通支付了2.22亿美元的专利费和6亿美元的其他费用，拿下了一个价值200亿美元的单子。书中引用了任正非的一段话，非常生动：

"……华为把红旗从山脚扛到了山腰，又把红旗插到了山顶，但从山顶看下去的时候，却发现山脚和山腰都被人包围了，专业领域的基础专利几乎全是西方公司的，华为10多年的技术积累陷入了山脚和山腰的十面埋伏之中。"

在专利问题上，智能手机行业与电信行业是一样的。专利风险管理公司 RPX 称,现如今有超 25 万的美国专利可以应用到智能手机上。其中,很大一部分的专利都归属于掌有核心专利的高通等公司。举个例子:2019 年,总部位于圣地亚哥的高通公司总营收为 243 亿美元;2018 年,高通的营收则为 226 亿美元。根据公司文件,其中约 10% 来自小米。也就是说,这两年内,小米向高通支付了多达 45 亿美元的芯片专利费用。这也难怪爱立信不想让小米未经授权,便在印度销售带有自己芯片的手机。拆开小米的设备就能发现,大部分的主要芯片都是高通的。高通在 2019 年的年报中指出:

"……我们的某些中国原始设备制造商客户已经或将要研发出自己的集成芯片,并且在产品中使用自己的芯片,或者其他企业的芯片,而不再使用我们的芯片。有些客户担心无法购买到我们的集成芯片,这也是中美贸易紧张局势带来的后果。此外,政治行动或其他政府行为过去、现在并且可能在将来也会限制或阻止我们与某些客户开展交易,抑或是阻止我们的客户，同我们开展交易。"

这种情况一旦发生，天平将会偏向华为和三星这样的企业，以及那些越来越多地研发自身芯片的企业。

其他中国品牌的竞争

专利的确是问题，但通常不算致命。大多数专利纠纷都是在法庭外解决的，只要达成双方都满意的交易，事情就能有效解决。但是，小米更大的问题来自中国国内的竞争。小米要面对的不是那些不懂中国市场微妙之处的国外巨头，也不是那些受制于中国体制的跨国公司。小米在国内的竞争对手包括华为以及OPPO、vivo这样的本土品牌。这些对手之所以强大，是因为小米在供应链和产业生态上的优势，同时也存在于它们身上。其中，华为近年来销售的手机数量占中国手机市场份额的30%以上，算得上是小米最有力的对手。华为的员工向来以勤奋著称，公司也一直秉承以客户为中心的理念。华为开始认真考虑手机业务的时间，稍早于小米。

后记

华为的第一款安卓手机发布于 2009 年的世界手机大会,早于小米成立的时间不过一年。从那时开始,华为在中国乃至全世界的发展便稳步向前。加上华为的荣耀系列手机,华为 2019 年第三季度占据了中国手机市场份额的 40%。小米则努力捍卫自己的份额,威胁不仅来自华为,也来自 OPPO 和 vivo。如下图所示,小米的市场份额于 2017 年第四季度达顶峰,占 15%,华为则占 20%。但从那时起,小米的市场份额开始迅速下降。2019 年第四季度,小米的市场份额为 9%,而华为则达到了 35%。

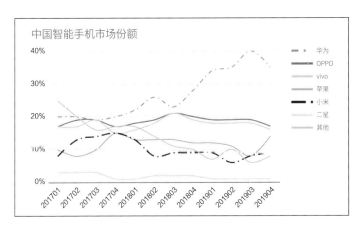

来源:Counterpoint Research

小米

在印度，小米为了保持第一，也是历经了重重困难。2019年第二季度，小米超越三星，成为印度最大的智能手机品牌，市场份额达28%。几个月内，步步高集团超越小米，以30%的市场份额夺取了印度市场的头把交椅。步步高集团是中国的跨国财团，旗下有知名智能手机品牌vivo、OPPO、realme和OnePlus。杰弗里·陶森教授指出："小米在中国对三星和苹果做过的事情，OPPO和vivo这样的中国企业会以更低的价格对小米来一遍。"

近期以来，realme已经发展为一位强有力的竞争对手，它被吹捧为是印度发展最快的智能手机品牌。2019年，realme以263%的夸张增长率攀升至印度市场的第五位。相当讽刺的是，小米官方常常批评realme是"山寨"品牌，要知道，小米自己也曾戴过好几年这顶帽子。realme也回击，称这是小米面对竞争，显得"不安"和"绝望"罢了。很快，realme便超过其母公司OPPO，成为印度第四大智能手机品牌。不过，realme尤其对小米造成了威胁，因为它也提供高性价比的旗舰机型，价格定位在 2 万卢比以下。面对 realme，杰恩其实已经有些沉不住气。2020 年 1 月，他在 Twitter 上说："有趣！一家模仿我们的山寨公司。这个很快就要开始推送广告，然后就有人开始带节奏批评我们了。很多牌子都会推送广告，但只有小米是被骂的那个。因为我们的商业模式是透明的。如果有哪位记者想了解我们的互联网商业模式，我乐意接受采访！"

我们知道，价格竞争一直是小米的王牌。尽管曾被调侃是苹果的山寨，小米还是表现优异，因为它以极低的价格，做出了配置上乘的手机。realme 的名字不仅听着和小米旗下的红米很像，定价策略上也可能会把小米那些对价格敏感的客户抢走。大型市场的用户，尤其是印度这样的市场，往往重视产品价值，品牌之类的，常常眼皮都不抬一下。

还记得那句话吗？杀不死你的会让你更加强大。面对国内外的激烈竞争，小米采取了不同的策略，保证自身的成功。2019 年初，雷军宣布，小米将在未来五年内投资 14.8 亿美元用于智能产品。这些年来，小米的产品基础已经扩展至智能电视、净水器、空气净化器、电饭煲、一系列智能穿戴设备（如小米手环），甚至一系列照明解决方案。可以说，小米不卖的已经不多了。不过，小米的智能产品一般并非由自己生产，而是外包给小一些的、由小米注资的初创企业，然后再贴上小米的牌子销售。借此，小米打造了一整个的生态系统，有效地增强了自己与粉丝在生活各方面的联系。即使不想给自己或者身边的人再买一部小米手机，小米的用户可以选择的产品范围也非常之广。当realme给小米的手机业务带来挑战时，小米借助物联网业务，更快地推出新产品，弥补了损失。数据显示，小米的物联网家居产品营收占比从2016年的18.1%增加到了2019年的30.2%。

遭遇抵制

没有开枪——中印政府如是表态。不过，在这场2020年1月的冲突引发了印度近来的抗中情绪。在过去的五年中，小米大跨步深入印度市场。在冲突发生后的几天内,印度的工信部以国家安全的名义,禁止了超过 200 款中国应用,包括知名应用(APP)抖音和 Helo。

几位印度企业家对这一举动表示赞赏,他们认为,这标志着印度要开始努力营造适合本土企业发展的良好环境,同时又不必再和中国的企业竞争。不过讽刺的是,超过 100 家印度的创业公司都是中国投资者出资的。2019 年,中国在印度投资初创企业总额达 46 亿美元,几乎是 2016 年 3.81 亿美元的 12 倍。在印度的 30 家独角兽企业中(市值超过 10 亿美元的企业),18 家接受了中国的投资。不过,有一些企业已经开始将中国企业从自己的股权结构表上移除。

印度的几位影响力较大的企业家加入了这场声势浩大的声讨,他们呼吁印度人民在经济上向中国回击——卸载 App,停止购买中国产品,转而购买印度产品。InMobi 移动广告公司的创始人纳温·特瓦里在印度《经济时报》的采访中说:"这是历史性的时刻,因为数字企业不必有国界。在印度,考虑到人口规模和数字的普及率，我们很有必要把数据掌控在自己手里，把控自己的网络安全。所以，领导人这样做是很好的。"InMobi 移动广告公司旗下拥有 Roposo，这是一个短视频平台，与抖音是竞争对手。即使是 Micromax（印度著名手机品牌之一），也期待着借这次机会，来一次"死灰复燃"。Micromax 的联合创始人发布了一段"娴熟的"视频，视频中，他向印度人民呼吁要购买本地产品。"边境发生的事情是错误的。"沙玛在视频中说道。之后的几天，Micromax 宣布推出全新的手机品牌，名字叫作"in"。

在印度，每卖出 4 部手机，其中就有 3 部来自小米和其他的中国品牌。虽然目前它们还没有受到直接的影响，但很多人越来越担心，如果中印关系再恶化下去，这些公司就会遭殃。在一场采访中，杰恩告诉印度《经济时报》，小米为印度创造了 5 万个就业岗位；所有的设备都是在印度生产，65% 的部件都来源于印度，所有数据都储存在印度本土，并且印度本地的中国员工不超过 10 个。杰恩表示："其他品牌在印度已经有 10—15 年了，我们在印度只有 6 年，其中差不多 4 年半都走在了'印度制造'计划的道路上。虽然时间短，我们的本地化却做得比其他公司都好。"

回头来看，在经历了2014年的失败后，小米与印度政府沟通较好，算是在中印关系陷入低谷的今天得到了回报。小米继续通过线上和约1万个线下门店销售产品，并没有因为中印关系问题受到太大影响。根据2019年12月的数据，中印双边贸易总额达650亿美元，中国是印度继美国之后的第二大贸易伙伴。印度每年向中国进口价值约200亿美元的电子产品（包括智能手机在内）。在本土制造业缺失的情况下，禁止中国在印度的制造业不说不可能，至少也是困难重重。

不可能的挑战

2019年12月的新冠肺炎疫情则是小米成功道路上的另一块绊脚石。疫情让全球的国家都开始封锁，全球经济遭受"急刹车"。2019年12月，新冠肺炎疫情像野火一样席卷全球，截至2020年4月，入侵了全球200多个国家。在小米的公开招股书中，便提到了这种

小米

黑天鹅事件给公司带来的影响：

"倘若出现流行病等重大公共卫生问题，则更严格的员工出行限制、货运服务的额外限制、限制区域间产品流动的政府行动、新产品的生产延迟和我们外包伙伴、组件供应商，以及生态产业链企业的运营终端都会对我们造成不利影响。"

当然，招股书里常常会在"风险因素"这一块，地毯式地囊括各种罕见的情况。但是，所有的这些情况，都是小米以及全球各地企业正在面临的现实。就小米来说，新冠肺炎疫情的危机影响到了其口碑式传播的营销。小米不得不提高几款机型的价格，其中包括红米Note 8。2020年3月，根据印度《今日商业》杂志报道，小米表示：

"延长的疫情可能会影响到供应链，我们现在也仍随着情况变化每天做评估。不过，满足目前的市场需求，还是可以做到的。虽然我们有在寻找组件和原材料的替代性供应链，但短期来看，供应链问题会给

后记

一些组件的价格带来负面影响。这会导致产品的价格暂时提高。"

小米还面临着生产中断的问题。2020年3月，小米表示："2020年2月和3月的时候，由于中国那边的工厂延长停摆，我们经历了一段时间的停产。不过，截至今天，我们的产能已经恢复到了正常水平的80—90%。"在中国，小米表示线下销售在疫情严重的时期受到了影响，但是3月份的出货量还是迅速回升了。然而，小米在印度的业务受到的影响却可能更严重。小米表示："虽然我们的海外业务无疑受到了影响，但我们相信总体上的影响目前仍是可控的。"但是，随着越来越多的国家颁布封闭政策，组织发布会，甚至是把手机送到人们手里，都会变得越来越难。

不过，虽然小米的海外业务因供应链问题受到了影响，但小米因为更加偏好线上销售，业务还是没有被彻底扰乱。小米或许还是可以从当前的疫情中恢复过来。疫情的另一个影响在于，中国经济在2020年的前三个月出现了自1976年以来的首次下降。国际货币组织预测，2020年，中国的经济增长率将从2019年的6.1%

降低到 1.2%。亚太部主任李昌庸写道："在 2009 年的经济危机中，中国开启约 GDP 8% 的财政刺激，这一关键举措让中国的经济增长率保持在了 9.2% 的水平，与现在的情况形成鲜明对比。我们无法期望这次疫情的财政刺激规模也会那么大，中国也无法像 2009 年那样拉高亚洲的总体增长水平。"2020—2021 年的第二季度，印度的经济也缩水了 7.5%，前一季度则缩水了 23.9%。由于消费支出大规模下降，企业也将面临重大危机。小米的销售量取决于经济需要多久才能恢复，以及消费支出需要多久才能回升至疫情前的水平。而这一恢复过程，现在来看可能相当漫长。

隐私风波

有这么两类互联网公司：一类是像谷歌和 Facebook 这样依靠广告盈利的企业，另一类则是反对这一商业模式的企业。如果按照知名学者肖莎娜·祖博夫的严格区分，依赖广告的企业属于"监视资本主义"的行列。她将监视资本主义定义为是一种"将人类经验看作隐藏的商业行为原料,并用以提取、预测并销售"的行为。他们的业务依赖于对用户了解的程度,也就是所谓的原材料。这种"提取经验"的行为,当然有悖于保护隐私。不过,像苹果这样承诺最大力度保护隐私的产品,往往都价格昂贵,针对的都是高端用户。随着用户越来越重视隐私,这种以广告为主的商业模式将受到挑战。2018 年欧盟通过生效的《通用数据保护条例》,保障了用户的合理隐私。在线广告领域受到了这一条例的极大影响。条例部分限制了企业出于广告目的追踪用户的行为。这一条令不仅适用于欧盟,同时也适用于为欧盟客户提供在线服务的区域外企业。欧盟已经适用该项法令,对一些依赖广告收入的企业做出了处罚。2019 年 1 月,法国向谷歌开出了 5 000 万欧元的罚款,是本书写下时,基于该条令数额最大的一笔罚款。指控称,谷歌在数据收集方面不够透明,违反了条令中有关数据处理的几项条款和原则。

而这也是小米要面对的问题。因为小米的部分互联网收入也来源于广告,并且也期望未来通过广告盈利。仅 2019 年第四季度,小米的广告收入便达 30 亿元人民币。2019 年，小米表示，其互联网服务带来的收入相较于去年增加了 24.4%，达 198 亿元人民币。截至 2020 年 7 月，MIUI 的月活跃用户达 3.43 亿，在广告行业中已经算"大角色"。如果按照小米的发展规划，小米不久便能够轻松手握一棵摇钱树。但是，如果人们越来越重视隐私，消费者将越来越反感数字广告，管理制度也将对其越来越不利。小米想要通过广告挣钱，也会变得越来越难。同时，这种广告模式也给小米带来了一些战略上的危机，因为这样小米就会想要做高端手机。在高端系列手机中，小米推出了 Poco，这款产品由杰伊·玛尼领导开发，他本人是雨果·巴拉在任时聘请的产品经理。一家公司透露，杰伊与小米争论最大的点，便是要不要在 Poco 手机中植入广告。已经离职的杰伊向媒体表示："廉价手机的用户也是勉强才忍受得了广告，高端机的用户会非常痛恨广告。"杰伊于 2019 年 7 月离职，未接受任何采访。

小米的广告模式还面临的一个挑战在于其用户基数最大的印度，虽然收入水平低，但数字广告方面的竞争却十分激烈。2019 年，数字广告市场的规模约为 22.7

亿美元，其中大头被谷歌和Facebook占据。剩下的部分则由上百位竞争者瓜分，其中包括在线视频直播企业、内容创作企业、电商企业等。人们预想的数字广告腾飞，在印度还尚未开花结果。看看简单的供需法则就能明白，入市的玩家越来越多，卖家能挣的自然越来越少。

虽然小米的广告模式存在问题，但从长远来看，小米作为一家互联网企业的前景倒也不算太糟。在小米孵化的业务中，有一部分发展得欣欣向荣。在公司文件中，小米表示"提供多样化的互联网服务，是小米营收增长的核心驱动力"。在这方面，小米除了广告及游戏外的互联网收入增加了111.2%。这表明，小米旗下的电商平台有品、金融科技业务、电视互联网服务，以及海外互联网服务占到了其全部互联网收入的43%。2019年第四季度，小米的几款游戏走红，其网络游戏收入年增长44.4%，达8.744亿人民币。不过，电商、金融科技以及类似游戏这样的互联网服务，在各自不同的领域也有非常激烈的战场，市场巨头则包括阿里巴巴和腾讯等。

在超人的传说中，强大的氪星人（超人）最终都战胜了氪石的影响。但是,小米与雷军的传说,却尚未书写下续章。我们确定可以看到的是,未来的数月乃至数年,终将打响许许多多的战斗。